商业路演
撬动资本蜕变路径图

袁一峰·著

企业管理出版社
ENTERPRISE MANAGEMENT PUBLISHING HOUSE

图书在版编目（CIP）数据

商业路演：撬动资本蜕变路径图/袁一峰著. --
北京：企业管理出版社，2017.1
ISBN 978-7-5164-1425-5

Ⅰ.①商… Ⅱ.①袁… Ⅲ.①商业—演出—研究
Ⅳ.①F713.7

中国版本图书馆CIP数据核字（2016）第304069号

书　　名	商业路演：撬动资本蜕变路径图
作　　者	袁一峰
选题策划	周灵均
责任编辑	周灵均
书　　号	ISBN 978-7-5164-1425-5
出版发行	企业管理出版社
地　　址	北京市海淀区紫竹院南路17号　　邮编：100048
网　　址	http://www.emph.cn
电　　话	总编室（010）68701719　　发行部（010）68701073
	编辑部（010）68456991
电子信箱	emph003@sina.cn
印　　刷	北京大运河印刷有限责任公司
经　　销	新华书店
规　　格	170毫米×240毫米　　16开本　　12.25印张　　158千字
版　　次	2017年1月第1版　　2017年1月第1次印刷
定　　价	40.00元

版权所有　翻印必究·印装有误　负责调换

自序

我在路上，演绎人生

灯光璀璨、斑斓幻影，伴随最亮的那一束聚光灯，一个如风的身影接过主持人的麦克风，奔跑走向舞台，西装笔挺，领带饱满，头发闪亮，这——就是我！

我出生于农村家庭，兄妹四人。巧匠性勤的父亲，温良恭俭的母亲，抚养我们长大、念书、工作、成家，这经历中所付出的不仅仅是汗水，也不是感慨的一句"青春年华"就能诠释。作为儿子，一言难尽，一生感恩！

江西农村上世纪80年代出生的孩子大部分做过农活，我是长兄，跟着父母春播秋收、夏忙冬藏，拔过草、锄过地，插秧割稻、挑水烧火、放牛喂猪……，农活之中除了没有学过用牛犁田（但我会用拖拉机耕田），其他几乎都做过，而这样的经历一直到我从学校毕业离开家乡出来工作才停止。

我学习中等，在学校的日子如绿叶般摇曳随风，我的价值是衬托"学霸"的智商，烘托捣蛋学生的情商，每当老师点名"袁一峰"这三个字时，都是声音清淡，少了些情感。我一度感觉自身的平凡，但我的内心还是幻想着成为人群中那个独特的人。童年时期幻想着成为小伙伴们簇拥的"孩子王",情窦初开时更曾渴望过被关注与被欣赏,而习惯的沉默与跟随、犹豫与矛盾,使我错过许多本可以做主角的故事。反应不够迅速,思维局限,表达缺乏色彩,这一度让我平凡。

我可以接受平凡,但我不甘于平庸。我的身上流淌着沸腾的血液,我相信每个人都可以拥有不平凡的人生,只待一个机会。

生活或是平静,或是跌宕,偶尔幻想着伟大、不平凡的时候,内心更是渴望自由的生活,渴望自我的进步和突破。所谓平凡和伟大,它们之间的距离对于我来说,就是一个转身而已。

从学校毕业后,进入一家工厂做储备干部,所谓的储备干部,只是比工人多一些挨批的机会而已。储备干部的核心在于"储备",而真正能成为"干部"的人最终不到1%。工厂生活流水线简单、忙碌,赶货时期经常是通宵达旦,淡季时大家在宿舍睡觉或打牌,我曾调侃自己:"企业家的工作精神堪比打麻将的精神。"

此时我不知道梦想在哪里,但我知道这不是我要的生活。终于有一天,我带着茫然与不安离开了生活一段时间的东莞,坐上开往厦门的火车。那一刻内心既有憧憬未来的兴奋,也有对前方未知的忐忑与恐惧。看着风景向后远去,前行的路上,几多坎坷,我没有回头。

这是一个有海的城市,一年四季风不间断。只需迎风闭目,感受海风咸咸软软的味道。我喜欢在这样的味道中凝聚思绪,走向未来!

我选择入职一家培训公司,在这里遇到我人生中重要的两位老师,开启一段疯狂的岁月。之所以疯狂,是因为梦想。我一直模糊的远方,如今正以一亿的像素呈现在我的眼前,我伸手就能碰触到,能感受到梦想温柔、细腻和强大的磁场,那是一种按捺不住的兴奋和无与伦比的激情。心灵最大的一种满足,迄今为止于我来说就是看到梦想。这样的一个梦想在我过往的生命中一直是缥缈的,她总是带着一层面纱,如今褪去，宛若惊鸿，原来，梦想竟如此绚丽，她深深吸引了我。

或因梦想太美，在厦门的第一家公司是没有底薪的。因为想成功，从不计较工作时间，每天工作从早上8点到晚上8点（周六、周日基本上开课），这一年唯一的休息就是春节回家。我必须要突破自己，所以拼命地去学习，没有积蓄，就借钱参加当时一些"火爆"的课程。为了实现演讲的梦想，丢弃面子，每天6点起来背诵励志名言，对着窗户喊"我要用全身心的爱迎接今天""坚持不懈，直到成功"。如此的行为招致邻居的投诉，被冠以传销之名，被誉为神经病。对于他人的不理解，我只能以沉默对待，用信念去坚持，那时候心里潜伏着一股"气"，就待有朝一日能证明自己。

关于每日清晨的"呐喊"，我这样理解：首先，这是倾诉情感的一种方式。真心呐喊会感动自己，情到深处是泪流满面。呐喊时脑海中会浮现一幕幕感人的场景：你对深爱的人说"我爱你"，你对爸爸妈妈说"我爱你"，如果有一天他们都不在了呢？其次，这是一项科学的健身运动。半个小时呐喊消耗的热量是半小时跑步的3倍，呐喊在于强化目标，运动减压，同时让一个人专注到极致。可以说，今天的"峰狂演说"与曾经的清晨呐喊有着直接的关系。

因为疯狂，父亲以为我在做非法传销，不远千里到厦门来看我。厦门住了一星期，父亲回到老家，村里人问"你儿子是不是在做传销？"父亲说"不是"，村里人说"你也被'洗脑'了！"

关于他人的言论，开始时总想解释得清楚，到最后只是笑笑当作回应，对自己所从事工作的认识，使我成熟、成长。逐渐地，没有人再怀疑我，而同学、亲戚、老乡走进我事业的人却越来越多。

路桥公司是我演讲的第一个舞台，平均每周接三个团，从小学生夏令营到企业拓展，以及国家机关单位的一些针对性培训。那段时间有同行高薪聘请我，都被我好意谢绝了。并不是我有战略的远见，也非薪资不够，是我享受路桥培训师工作的节奏，更重要的是路桥给了我足够宽阔的舞台，去尝试各类课题，优化培训流程，结合自己的实践梳理出新的培训模式。在路桥近100场的主讲，我可以在舞台上创造性地尝试，随心所动，幽默地调侃，让我的演讲带给学员深刻的感悟。

每个人都有闪光点，特别是那些一直沉默的人。离开路桥，我去了深圳一家顶尖的培训公司，开启我销讲的辉煌历程。如果曾经的我是沉默的，是助理、是跟随，那么这一年我就是爆发、主讲和决断的，我创下单场成交120万元的公司最高业绩。需要说明的是，培训产业不同于快销产业和大型实体产业，如服装、饮料、电器等行业的巨头，一个区域的订货会就能达到千万元乃至上亿元，这是不能相提并论的。

我感到骄傲的是自己的勤奋与执着，不曾停歇地朝着目标前行。演讲的舞台上即使再平凡也是焦点，有人说选择比努力重要，我庆幸自己的选择。

在深圳，我接触的百家企业中，中小型制造业对于企业管理及培训是极其缺乏的，而大部分咨询教师也缺乏实际的企业工作经验。机缘巧合，2009年我去了一家涂料企业，在那里做了两年内部培训。实业、制造业，且具有长远的战略及深厚的企业文化，这家涂料企业赋予我更广阔的舞台，我得以亲历营销策划、人事行政、高层战略等工作。两年合同期满后我递上辞呈，董事长签批的意见是给予调薪升职，这应该是该企业董事长签批的唯一挽留人才的审批意见。

对于理想，我是能够沉下心，涂料企业两年合同期满后，我义无反顾带着初衷回到厦门，回到咨询行业。对于企业运营、营销、生产、管理等方面已经有了自我的见解，对于一家企业的运作、阶段、流程也有了系统的概念，这样的认知帮助我在培训的时候迅速了解企业老总、管理者、员工在想什么。重返厦门4年的时间里，永不放弃地学习，这4年里自修的费用超过20万元，走过全国几十个城市，可我永远都在酒店、机场两个点来回，根本没有时间去旅游。无论是江南的秀丽，亦或是塞下的风情，总与我擦肩而过，但我相信这不是我与文明最终的缘分，我潜心奋斗，擦肩错过的，只是时间，我还会再回来。

咨询企业的4年，让我跻身培训的顶层，商业模式、营销模式、盈利模式，践行中有更深刻的领悟，排名前100位的企业我都曾接触过，当然，我擅长的永远是路演、演讲、销讲；而关于销讲和路演，我们团队的路演能够做到至少增加30%以上的销售额。（在企业之前的销售基础上，千万增长在20%~30%，百万增长在30%~600%，百万以下增长在50%~200%。）

2006—2016年是我人生重要的十年。从青葱少年到青年，我始终坚持朝着梦想前进，收获爱情、家庭，收获朋友的信任与支持。我深深地感谢我身边的老师、同事、客户、学员和亲人，是他们伴随我成长，给予我孜孜不倦的教导及无私的帮助，是他们开启我的演讲之路并一路支持我向梦想前行。

如果说人生是一个舞台，那么我这十年的角色从员工开始，历经助理、教练、培训师到如今的第六纪企业创始人。从为人子到为人父，从朋友到兄弟，从客户到合伙人，这许多的角色并非都是我能选择，但我均真诚以待。

人生舞台，千百角色，有离愁酸苦，也有欢笑聚合，可以肯定的是，人生演绎没有彩排。

敬以我十年勤奋，帮助企业成长。

袁一峰

2016年12月

前言

揭秘路演："狂妄"总被人关注

在公开场合说话的时候，企业家和政治家有点相似，他们都非常谨慎，甚至有些保守，轻易不会说一些"出格"的话，以免引起不必要的麻烦和矛盾。

但马云是个例外，他在公开场合说话时不但不保守，有时还会很"狂妄"，说出一些让许多人崇拜，也让许多人反感的话。比如他那句"我就是打着望远镜也找不到竞争对手"的话，在媒体的广为传播下，已经路人皆知。马云"狂妄"的形象，也因为这句话而在许多人的内心定格。

相比史玉柱重新崛起后的谨小慎微、如履薄冰，马云在说话上显然要大胆得多，而且明显表现出"语不惊人死不休"的特点。比如在2004年，他提出了"每天赢利一百万"的口号，到了2005年，他更是提出了"每天纳税一百万"的口号。不仅如此，据说在马云最早的名片上，还印着一段豪言壮语："将互联网作为一个窗口，让数以千万计的中国中小公司从这里出发，与世界对接。"

喜欢说一些"狂妄"的话已经成为马云的一个标签。虽然有一些人不喜欢马云的这种说话风格，但毫无疑问，更多的人是喜欢他这种说话风格的，这从马云拥有的巨量"粉丝"就可以看出。

我们需要探讨的是，为什么马云总喜欢说一些"语不惊人死不休"的话？仅仅是因为本性如此吗？

事情没有这么简单。我们知道，当一个企业家总是在公众场合说一些不痛不痒的话的时候，媒体是不感兴趣的。媒体不感兴趣，就不会报道。反之，如果企业家总是能在公众场合说一些惊人的话语，媒体就会趋之若鹜进行报道；而当媒体铺天盖地报道一个人的时候，这个人要想不引人注意都很难了。相应地，企业家所经营的企业，也会成为大家关注的焦点——这是一种免费宣传自己企业的技巧。

想一想曾经红极一时的网络红人以及她那些刺激了很多人神经的话语，我们就不难理解"语不惊人死不休"的重要性了。显然，在当今社会，你要想被人关注，就必须说一些能够刺激别人神经的话，不然，你就会默默无闻，没人知道你，更没人关注你。

其实，能够把话说得"狂妄"以引起别人的关注，也是一种口才技巧。像那位网络红人，她说话就很狂妄，完全是一派"语不惊人死不休"的作风，结果虽然人们开始关注她，却没有人喜欢她，为什么？

因为她说的那些话，是在挑战大家的道德底线和价值底线，是一种恶俗的风格。马云则不一样，他说的一些话虽然表面听起来非常狂妄，实际上却非常有技巧。比如那句"我就是打着望远镜也找不到竞争对手"，实际上他后面还跟了一句："因为我找的是榜样，根本不在乎跟谁竞争。"

显然，马云的"狂妄"并不是真的狂妄，那不过是他的一种语言技巧。利用这种语言技巧，他可以不断地吸引媒体的注意力，然后借机推广自己的一些观点和理念。简单地说，马云的"狂妄"是一种语言的狂妄，他在待人处事的态度上，却一点都不狂妄。这也正是他受人欢迎的原因之一。

许多人不理解这之间的区别，结果就走进了一种误区，不但说话傲气，待人处事的态度也很蛮横，最后真正变成了"狂妄之徒"。

一个想要使用"语不惊人死不休"这种语言技巧的人，必须清楚，我们可以把话说得很大，比如像马云说的"要做102年的阿里巴巴"，但绝不能说一些违反客观事实的话，尤其是不能为了吸引大家的眼球，胡言乱语甚至说一些挑战大家道德底线的话。否则，你即便引起别人的注意了，也只是一个反面的案例，被人冠上"炒作"的名声。

说"大话"一开始总是难以让人相信的。即便你知道你所说的一定能够实现，在没有实现之前，人们还是不会相信你，甚至会把你看作"疯子""精神病"。要想改变人们对你的偏见，唯一的办法就是努力去实现你说的"大话"。就像马云那样，虽然一开始也被称作"骗子""疯子""狂人"，但现在，阿里巴巴已经从当初只有50万元的小企业变成了市值超过200亿美元的大企业，人们也就不再用"骗子"这种词来形容马云了。

有的年轻人雄心壮志，一心想做出一番事业来，于是说话的时候就难免流露出一种睥睨天下的态度，从而被别人冠以"好高骛远""年少轻狂"甚至是"年少无知""眼高手低"等身份标签。这种时候，抱怨和委屈是没有用的，你除了努力奋斗去实现自己曾经说过的话，别无选择。实力才是你说"大话"的保证。

人性都是一样的，在你没有实现你所说过的话之前，每个人都有可能把你说过的话当作"大话"。所以，利用"狂妄"这种说话技巧一定要谨慎，如果你只是说说而已，那么还是尽量不要使用这种语言技巧，不然你会真的成为只说不干的"大话王"了。

目录

第一章　商业路演：企业家必修之"路"　001

第一节　移动互联网时代，解读商业路演　002
第二节　资本时代企业众筹——融资最有效的武器　005
第三节　路演促成销售，却不仅仅是销售　008
第四节　演讲是商业路演的方式之一，路演的方式却不只演讲　012
第五节　企业领导者提升影响力、展现自己最有效的方式　014
第六节　互联网时代，经营"粉丝"最关键的活动　018
第七节　商业路演的主要形式　021

第二章　商业路演必须思考的问题　025

第一节　讲给谁：投资人、消费者还是代理商　026
第二节　商业路演的禁忌与如何打动投资人　033
第三节　企业核心的竞争力　037
第四节　成功商业路演的根基　039

第三章　做好商业路演的策划工作　043

第一节　路演人员及组织　044

第二节　路演策划书写作　050

第三节　路演活动的全面准备工作　055

第四节　与客户的沟通及参会确认　057

第五节　路演会场准备及费用预算　060

第六节　路演本身的宣传　063

第四章　制定可行的商业路演现场活动方案　067

第一节　选择恰当的时间　068

第二节　人员分组与协调　072

第三节　会场布置及会务准备　075

第四节　安排好现场活动内容　080

第五节　现场活动的步骤　081

第六节　路演全程操作实案　085

第五章　路演：最具感召力的商业演讲　093

第一节　路演准备：一场精湛绝伦的商业演讲　094

第二节　做好商业路演的临场准备　095

第三节　规划一场成功的商业路演　097

第四节　商业路演的六大技巧　099

第五节　如何让商业路演内容更精彩　115

第六节　如何准备一个路演的故事　119

第六章　如何运作商业路演——厉"兵"秣马　125

- 第一节　以公司为主体运作商业路演　126
- 第二节　使商业路演发挥最大效应　129
- 第三节　文化落地：感受过去，看到未来　134
- 第四节　"抠门"老板是如何让员工卖力工作的　142

第七章　用路演技巧致富的秘诀——商业演讲　147

- 第一节　让商业演讲实现致富的八大法则　148
- 第二节　宣传加定价让你领跑致富第一线　159
- 第三节　世界一流的商业路演演讲稿　160

第一章
商业路演：企业家必修之"路"

当今时代是移动互联网时代，企业要做大、做强、做快、做久、做好，关键在于企业家精神与企业的商业传播及品牌建设，而商业路演能力则是新时代下企业家传递价值主张与品牌传播最重要的一股力量。

企业要进行商业传播、渠道建设、加盟路演、项目融资、人才招募，无时无刻都不能没有商业路演能力的支撑，商业路演能力的提升将会成为当代企业家素质培训领域中的必修课。

第一节　移动互联网时代，解读商业路演

这是一个创造神奇的时代，马化腾1998年才成立腾讯公司，2002年差点经营不下去，准备卖给中国电信，因为价格没谈拢，就没有成交，但经营到现在，已成为中国互联网最大的奇迹！

无论是阿里巴巴还是腾讯，这样的企业都创造了商业传奇。还有，网易的丁磊在32岁（2003年）的时候成为中国首富，盛大的陈天桥也是在32岁的时候（2005年）成为中国首富，都是凭借互联网创造了传奇，甚至可以这样说，互联网是最快的赚钱机器！他们在短时间内聚集这么多财富，靠的就是资本的力量。

互联网时代，很多企业都是通过对项目进行融资而快速发展起来的。

在移动互联网时代，有一项能力是企业家必须具有的，那就是商业路演的能力。商业路演，通俗地讲就是企业或创业代表在讲台上向投资方讲解项目属性、发展计划和融资计划，一般分为线上路演和线下路演两种形式。

我们来看阿里巴巴创始人融资的故事。

案例

1999年，马云开始了阿里巴巴的创业征途。这年10月份的一天，他被安排与雅虎最大的股东、被称为网络风向标的软银老总孙正义见面。

孙正义是有名的"网络投资皇帝"，也是国际知名的"电子时代大帝"。他在当时联合了国内几家机构搞了一个项目评估会，打算挑选一些有潜力的公司进行投资。正是这个原因，马云被安排与孙正义见面。

当时，项目评估会的协调人告诉马云："你只有6分钟的时间能够讲解，然后大家提问题。如果6分钟听完了以后，大家对你没兴趣，没有什么机会你就可以走人了；如果对你这个话题感兴趣，大家互相提问的时间会长一点。"

如何在6分钟的时间把阿里巴巴的电子商务计划说清楚并让投资方感兴趣？马云的语言天赋在此时发挥了巨大的作用。据当时参与项目评估的UT斯达康中国区总裁兼CEO吴鹰回忆，他不太懂电子商务，因此对马云的讲解听得云山雾罩，但他能够感觉到马云非常有激情，而且讲解得很清楚。

孙正义则不然，在听了马云五六分钟的介绍后，他就初步了解了阿里巴巴的商业模式。所以，他立即做出了投资的决定。"你们这个公司能做成全世界一流的网站，要做，要做，就你们这个网站有希望。"他对马云说，"马云，我一定要投资阿里巴巴。"

马云当时怎么想的我们无法得知，但我们可以从下面这些对话发现他的说话技巧：

孙正义问马云："你需要多少钱？"

马云回答："我不缺钱。"

孙正义问："不缺钱你来干什么？"

马云回答："又不是我要找你，是人家叫我来见你的。"

越是得不到的，越是想要得到。马云这种欲擒故纵的回答策略，反而进一步刺激了孙正义。临走时，孙正义请马云去日本的时候一定要和他当面详谈。

没多久，马云到了东京，和孙正义具体谈融资细节。一见面，孙正义单刀直入："我们怎么谈？"

这一次，马云再次利用语言技巧来达到了他的目标。他说：

"钱不是问题，但你必须同意我的三个条件。第一，希望你亲自做这个项目；第二，你要用自己口袋里的钱投阿里巴巴；第三，公司的运作必须以客户为中心，以阿里巴巴长远发展为中心，不能只顾风险投资的眼前利益。"

几分钟内，双方就达成协议。2000年1月，双方正式签约，软银投入2000万美元帮助阿里巴巴拓展全球业务，同时在日本和韩国建立合资企业。

通过上面的案例，我们看到，马云融资就属于商业项目路演。项目路演就是企业代表在讲台上向台下众多的投资方讲解自己的企业产品、发展规划、融资计划。在这里马云面对的投资人就是孙正义——软银的掌权者。

项目路演分为线上项目路演和线下项目路演。线上项目路演主要是通过QQ群、微信群，或者在线视频等互联网方式对项目进行讲解；线下项目路演主要通过活动专场对投资人进行面对面的演讲及交流。

第二节 资本时代企业众筹——
融资最有效的武器

融资是每一个初创企业必须经历的一道门槛。由于初创企业很难融资，或无力负担正规渠道高额的融资成本，不得不寻求新的融资渠道；而基于互联网的众筹平台，将筹资者与投资人直接连通，使众筹融资快速发展。

从一定意义上说，众筹是另一种形式的商业路演。中小企业可以通过线上路演的方式，吸引投资者参与众筹项目。

通过众筹平台，可以帮助初创企业从一个小公司成长为拥有广泛的社会支持者、大量投资人和顾客的大公司，由此结成更大的关系网络。这一切都能在社交网络上完成，众筹实在是一件神奇和了不起的事情。众筹融资模式的诞生，必将打破禁锢了普通人创业千百年的资金枷锁，缔造出一个自由融资的全新世界。

众筹项目多通过互联网发布筹款项目并募集资金，相对于传统的融资方式，众筹更为开放，只要是大家喜欢的项目，都可以通过众筹这种方式获得项目启动资金，为更多小本经营或创作的人提供了无限可能。

那么，什么是众筹？作为互联网新时代的创业者、企业家，你恐怕必须了解一下吧！

众筹就是利用互联网，建立一个平台，面向中小型企业，采取会员制的形式筹集资金的新模式，即大众筹资，由发起人、跟投人、平台构成。具有低门槛、多样性、依靠大众力量、注重创意的特征，是一种向群众募资，以支持发起的个人或组织的行为。

一般来说，众筹是通过互联网平台连结起投资者和发起者。群众募资被用来支持各种活动，包括灾害重建、民间记者、竞选活动、创业募资、艺术创作、自由软件、设计发明、科学研究以及公共专案等。

在百度搜索引擎里只要输入"众筹"二字，便会发现有不少已成气候的网站开始在做专业的众筹平台，如百度众筹、人人投、追梦网、京东众筹、微创投、VChello等。

众筹一般通过互联网方式发布筹款项目并募集资金，相对于传统的融资方式，众筹更为开放，能否获得资金也不再是由项目的商业价值作为唯一标准。

众筹的方向具有多样性，在国内的众筹网站上的项目类别包括设计、科技、食品、音乐、影视、漫画、摄影、游戏、出版等。只要是网友喜欢的项目，都可以通过众筹方式获得项目启动的第一笔资金，为更多小本经营或创作的人提供了无限的可能，因此也被成为"普通人逆袭成功"的重要平台，吸引着许多正在创业的年轻人的目光。正如马云所说："梦还是要有的！去做！"

我们知道，国内众筹模式主要分为四种类型：奖励众筹、股权众筹、债权众筹和公益众筹。那么，这四种不同类型的众筹到底有何区别呢？

打个比方：假设一个人对一个众筹项目支持了100元，如果是公益性众筹，可能收获的仅仅是一封感谢信；如果是奖励性的众筹，可能收获一本书；如果是股权类众筹，可以获得0.01%股份；而如果是债权类众筹可能在6个月内收获105元。简单总结就是，奖励众筹回报的是商品和服务，股权众筹回报的是股份，债权众筹回报的是金钱。因此，除了公益众筹，其他众筹都算是一笔"投资"，只是这笔投资不一定以现金回报的方式返还给投资者个人。投资者的"获利"形式取决于他投资的项目本身。

案例

2014年3月,有一个买房众筹项目在微信圈发起,比市场价便宜近三成。报名人数超过200名,都是发起人的"熟人"。

项目的发起人尹某,是某股权投资协会执行秘书长,这个名为"众筹家园"的项目位于市政府附近的高新产业园区,这也是市内首例众筹买房项目。

尹某制作了一张表格,上面记录了参与人的基本信息,包括年龄、职位、兴趣爱好等。他们的共同点是:都是金融界和IT界的中高层领导,具备创新意识和冒险精神。

对于此次众筹买房,尹某称:"此次众筹的房价,比市场水平便宜约30%。无论是投资还是自住,都很合适。"

尹某说,微信平台是这次众筹买房的主要渠道,具体过程是申请人先递交申请表,通过审核后,交纳100元订金即可进入购房微信群,项目的设计、户型、价格等,全部通过群成员商议决定。

众筹本身是一种融资活动,比如,我们熟悉的房地产行业,房价高的根源在于土地溢价高、房地产商融资成本和利润高。如果能将这些开发环节的费用节省下来,房价自然会降低。众筹建房时,传统房地产项目开发的财务成本、营销推广费用以及开发商的高额利润都能减免,所以建设出来的同品质住宅会比周边便宜不少。

当下,股权众筹对于创业型企业来说是最大的一次机会,但股权众筹的企业由于参与的人数比较多,股东管理的难度也将加大。对于创业型的企业,可以多考虑通过并购基金、信托计划等进行其他形式的融资。

第三节　路演促成销售，却不仅仅是销售

对于企业来说，一次成功的商业路演，不是单纯地提高路演现场的销售，还要放眼全局，邀请潜在客户参观，促成线下开发。当今处于互联网时代，信息的传播显得尤为重要，无论你以何种方式谋生，不管你是卖产品还是做融资，都是在销售。

但是路演不仅仅是销售，人与人之间的交流本身就是路演，路演是一种沟通形式。现代社会，互联网对人们的生活产生重大影响，人们的生活方式发生了很大变化，因为信息对称、市场饱和引发的"卖家谨慎"，所以要做到优雅、和谐地达到"共识"，如融资者的路演，就是如何清晰表达观点、介绍优势、达成共识。

有人说，企业CEO开门三件事：找人，找钱，找方向。找钱的过程就是"路演"的过程。商业路演，不仅需要当事人的情绪准备，气氛调动，还需要商业逻辑、策略、规则方面的设计，环环相扣的陈述方式、展示方式，现场发挥等方面都有讲究，不能懈怠。

案例

赶集网的创始人杨浩涌创办赶集网时，通过路演，得到了包括google在内的许多投资方的投资。杨浩涌的融资心得是：第一是市场，要找到一个足够大的市场。第二是要有可预见的前景。第三是对投资人要讲诚信，不能说假话。

杨浩涌创业时只有80万元的创业资金，9个员工，每个月包括工资在内全部支出只有3万元。他当时制定了清晰的发展战略：收缩战场，把有限的资金全部用于北京的市场，用3～6个月的时间，把北京的份额做到

第一名。等完成这个目标以后，再寻找投资人扩大规模。由于在北京的市场开拓非常顺利，所以他在向其他城市拓展市场时，很快就融到了资金，而且股权稀释极少。

在通过商业路演进行融资时，我们要靠什么吸引投资方的眼球呢？当然要靠产品的市场前景。只有看得到市场前景，才能引起投资方的兴趣。同时，我们也要让对方看到我们身上的诚信，谁都愿意和讲诚信的人合作。其实，除了融到资金外，怎样利用融到的资金也很重要。杨浩涌先在北京市场获得成功，然后利用这个成功案例再去融资时就有了说服力："我们能做好北京的市场，也一定能做好全国各地的市场。这时，投资方就愿意把资金投给你。"

作为一个创业者，当你面对资金的难题时，最有效的方法之一就是路演融资。站在路演台前，面对投资人噼里啪啦的提问，你是否做好了准备，你心底对自己的想法是否充满坚持：我是谁？干什么的？为什么干？上台演讲前，要想得一清二楚。自己信心满满，投资人才能看到希望。如果准备不足，被精明的投资者问得灰头土脸，那种"loser"的感觉可不好受！

21世纪创业新特点是什么？是速度。

哪怕你是第一个发现"蓝海"市场的人，哪怕你的公司在一开始就具有技术上的领先优势，如果你不能在最短的时间内占据最大的市场份额，牢牢夯实自己的市场地位，你就仍有可能被竞争对手赶上并超越。

要想具备速度优势，资金就很重要。一些在互联网领域的创业者对此深有感触。他们也许是最早发现一个新点子、新创意的人，但由于缺少资金，他们招不到人才，也无法在技术上迅速突破，结果，当同行业有实力的大公司凭着技术、人才和资金优势突然"杀入"的时候，小公司要么被挤出市场，要么被收购。

和小公司相比，大公司做决策相对保守谨慎。但是，大公司的优势是，一旦做出决策，会投入小公司无法比拟的资源优势进行竞争。第一个"吃螃蟹"的小公司最终被有资金实力的大公司兼并收购，这种现象在互联网行业并非个例。

一些规模庞大、有足够资金实力的互联网公司，它们并不一定在创新上投入更多，但它们会牢牢盯着同行业的新变化，一旦发现有小公司发现了一个"蓝海"市场并取得了初步的成功，它们会立即跟随并利用资金、技术和人才的优势占领这个"蓝海"市场。互联网行业的许多公司，一旦发现了一个市场新空白，会迅速去融资然后在最短的时间内把自己在该领域的市场份额做到最大，就是怕"后来者居上"的现象出现。

要想把自己的市场份额做到最大，通常情况下只能靠规模优势；而规模的背后往往是资金的支持。所以，无论是创业公司还是已经经营多年的中小型公司，要想扩大规模，就需要资金支持，而资金的来源，往往就是靠贷款或融资。

许多人害怕贷款，他们宁愿靠自有资金滚雪球式地慢慢发展，也不愿向外界借一分钱。如果行业的变化趋势比较缓慢，这种经营理念不算保守，但如果处于互联网这样的行业，这样的经营理念就会给公司带来风险。

实际上，完全靠自身资本积累，不敢进行融资，这类企业在现实中占有很大的比例。通常来说，中小企业在"一次创业"时，由于规模小，多数企业可以自行解决资金投入问题，但"二次创业"则是要转变经济增长方式，实现可持续发展，需要采用新工艺、新技术、新设备，这些需要大额资金，而完全依靠"一次创业"时所积累的资金，根本不可能进行"二次创业"，但许多中小企业过于保守，不愿再承担风险，最终走上衰败的轨迹。

案例

一位子承父业的老板，金融危机爆发之前，其公司无论在父亲手里还是在他手里，都从来没有向银行或朋友借过一分钱，都是靠不断赚来的利润扩大生产。之所以不向银行贷款，是因为银行贷款程序烦琐，像他这样的小公司贷款困难；不向朋友借款，则是因为面子问题，怕还不了朋友的人情。

金融危机爆发后，这位老板所在的行业也受到了冲击，许多大企业都无法经营下去，有些企业甚至倒闭破产，而该老板的公司，也受到了一定的影响，订单明显比以前少了许多。为了不让父亲创下的产业在自己手里败落，这位老板深思熟虑后决定大胆开拓，把这份家业做大做强，所以，他开始有计划地与银行打交道，希望通过贷款购买设备并研发新产品。

其实，靠自有资金发展并没有错，只不过在一些市场竞争非常激烈的行业里，靠自有资金发展会让公司丧失掉速度优势，而速度，往往就意味着市场份额的大小。

我们从很多企业的上市之路中，都能体会到融资的重要性。企业能不能获得稳定的资金来源、及时融到资金，对经营和发展都非常重要。这也是企业遇到的最大困境，尤其是刚起步的创业者。在创业阶段，90%以上的初始资金都是由创业者、创业团队或家庭成员提供的。任正非刚创业时的2万多元，也是他和其他合伙人一起筹集的。

但是企业在不同的阶段，接受投资的方式也不一样。在创业初期，可能会有亲朋好友的帮助。随着企业的发展、项目的扩大，需要大规模的商业化运作时，就需要风险投资的介入。

融资是企业跨不过去的一道坎。不管是大型企业还是刚起步的创业者，都离不开资金的支持。IT创业更为明显，因为刚开始就需要一定量的资金，需要"烧钱"提升知名度，这时如果没有强大的资金作为后盾，企业根本就不可能发展下去。

有时，融资也是提升企业竞争力的一种手段。同样做技术研究开发的两家公司，一家资金充沛，另一家资金短缺，哪一家会占领市场上的优势呢？当然是资金充沛的那一家。只有资金充足，才能更好地"玩转"企业，创造更大的利润价值。

第四节　演讲是商业路演的方式之一，路演的方式却不只演讲

商业路演离不开演讲，演讲是商业路演的主要表现形式。

中国近代女革命家秋瑾曾经说："要想改变人的思想和观念，非演讲不可。"中国古文化典籍《周易·系辞上》说："鼓动天下之动者，存乎辞。"也就是说，演讲是推动社会进步和国家前进的重要力量。诸葛亮舌战群儒，靠的也是演讲的力量！美国前总统尼克松曾经说："如果重进大学，我会首先学好'演讲'和'说服'这两门课！"

公众演讲，是一种技能，就是一个人站出来面对一群人，怎样做能够让他们接受他，愿意听他说话，明白和相信他所说的，愿意对他说出心里话并接受他的引导而有所行动。

在商业社会，演讲更是得到了充分的应用。演讲是商业路演的方式之一。

这是一个魅力展现的时代！不要小看了一个"讲"字，公众演讲更能彰显一个人的魅力。演讲是一门语言艺术，它的主要形式是"讲"，即运用有声语言并追求言辞的表现力和声音的感染力；同时还要辅之以

"演",即运用面部表情、手势动作、身体姿态乃至一切可以理解的态势语言,使讲话"艺术化"起来,从而产生一种特殊的艺术魅力。

古今中外各界有影响力的人物都是演讲的高手。马云、牛根生、史玉柱、俞敏洪、奥巴马、丘吉尔、里根、马丁路德·金甚至是希特勒,都是此中高手。政界领袖人物、企业领袖,他们公众演讲表达思想观念的力量影响到一批人,一个领域,整个社会,甚至一个时代。

已故苹果"帮主"乔布斯是世界企业家中最会讲故事的人之一,他已经把产品发布和展示上升为一门艺术。乔布斯像驾驭一支交响乐队一样控制演讲节奏,最后为听众创造一个意料之外的结果。乔布斯每次在苹果公司的年度Macworld大会上的演讲都会引爆全球拥趸的热情,同时也让苹果的销售额激增。

中国的企业家也不例外,海尔的张瑞敏要出来演讲,联想的柳传志也要演讲,阿里巴巴的马云也是要演讲。

这是为什么呢?难道这些企业家公众演讲是为赚取出场费吗?不是,对于这些成功的企业家来说,他们演讲的真正目的是,增加社会对这个企业的信赖感,增加客户对这个企业的支持度,增强员工的信心,增强投资人的信心。通过一两个小时的演讲,所获得的社会效应、经济效应远远胜于投资大笔的广告费所获得的效应。

如果你不会公众演讲,那你就不能产生影响力与魅力;如果你不能公众演讲,你将不能够影响你的团队;如果你不能公众演讲,你将不能够影响你身边的每一个人。

这是一个激烈竞争的时代!"一言之辩重于九鼎之宝,三寸之舌强于百万之师"。英国首相丘吉尔曾说:"一个人可以面对多少人,就代表这个人的人生成就有多大!"商界领袖乔布斯、柳传志、张瑞敏……,无论国内还是国外深具影响力的成功人士大都是善于公众表达沟通的大师!拥有一对多的公众演讲能力和现场行销能力,是我们成功立足现代社会的必备技能！

主持会议需要演讲，商务谈判需要演讲，接受采访需要演讲，鼓励员工需要演讲；凝聚人心需要演讲，化解矛盾需要演讲，宣传动员需要演讲，改革创新需要演讲；汇报工作需要演讲，加薪晋职需要演讲，竞聘上岗需要演讲，工作述职需要演讲；问题解释需要演讲，说明情况需要演讲，介绍产品需要演讲，自我推介需要演讲；沟通思想需要演讲，打通渠道需要演讲，激发士气需要演讲，征服他人需要演讲。

所以，无论你将来是要成为一名政治精英，还是做一家企业的总裁，还是在任何一个组织做领导者。拥有魅力的公众演讲能力，在最短的时间影响到最多的人，是你成功立足现代社会、快速超越他人、获取成功的必备技能！

第五节　企业领导者提升影响力、展现自己最有效的方式

企业领导者是企业路演的带头人，企业领导者的影响力直接决定着路演的成败。那么，如何提升企业领导者的影响力、提高路演能力呢？

领导者究竟应该怎样定义？它是一个人，一个职位，还是一个过程？有没有这样一种领导，即便不赋予他任何职位，也能吸引着大家为了一个共同的目标前进？

领导者的影响力，体现在方方面面。首先是梦想，任何一个优秀的领导者都是有梦想的人，他想实现自己的梦想，并且为了这个梦想，愿意付出巨大的代价，甚至是生命。

其次，影响力体现在领导者的个人意志力上。富于影响力的领导者都是意志坚强的人，尽管在实现梦想的过程中会遇到各种挫折，他们也会一如既往地坚持，执着地实现自己的梦想。

再次，是激情和勇气。一个领导者的影响力很大程度上体现在他的激情和勇气上。在面对困难的时候，领导者首先是用激情点燃大家的热情，然后用勇气去激励大家战胜困难的勇气。没有勇气和激情的人，是无法成为一个有影响力的领导者的。

最后，有影响力的领导者都是充满智慧的人。他们会用战略的眼光去看待和处理问题，以此来取得最佳的效果。如果一个人在决策的时候，只考虑眼前的利益，只考虑自身的利益，而不是以长远的眼光、发展的眼光看问题，就不会有人愿意追随他，更不会取得大的成就。所以，好的领导都是智慧真诚的人，他们渴望成功，也会用自己的智慧去带领大家一起成功，而不是只在乎自己的利益。

1. 领导力与头衔无关

很多人都认为，一个人只有拥有很高的职位或者是头衔，才能具备领导力。事实并非如此，领导力与头衔无关。

这是因为，领导力是活动能力，而不是职位。一个人不管自己有没有下属，只要他进行了领导的活动，就发挥了领导力，就成为领导者。相反，如果一个人拥有很高的头衔，但是他没有发挥影响力，也不具备领导力。

每个人每一天都有机会领导别人，这跟职位高低、资历深浅无关，也无关你是某项目的负责人，还是一家"全球500强"企业的老总。不论身份地位高低，任何人都可以修炼成为领导者，并改变或影响身边的世界。现实生活中的很多例子都能印证这个观点。我们到孩子的游戏场上去看，有人被选为"队长"，有的人自命为"队长"。这些事实上的"孩子王"，实际上并没有什么头衔，但是由于他们参与了领导的活动，所以具备了领导力。

领导力与头衔无关，另一个重要原因就是，领导是变革而不是管理。领导是改变现状，管理是维持现有的秩序。领导和管理不能截然分开，但是大师们几乎无一例外地承认两者之间存在不同。领导力大师詹姆斯·麦格雷戈·伯恩斯在其《领导力》一书中，区分了交易型领导和变革型领导。深受该书影响的管理大师诺埃尔·蒂奇说："交易型领导其实是管理，变革型领导才是领导。"

领导不会带来稳定和秩序，领导带来的是运动。领导的职能是带来建设性的或适应性的变革；而管理的基本职能是自动平衡，即通过让关键变量持续保持在容许的范围内，使系统维持下去。任何自我平衡过程的重要方面都是控制，因此控制处于管理的中心位置。变革也需要管理，但是成功的变革，70%～90%靠领导力，只有10%～30%要靠管理。

管理者或者经理人一般都有一个头衔，而真正的拥有领导力的领导通常是没有头衔的。因为管理是正式的运作，而领导的活动常常不那么正式。民众的领导者比如甘地和马丁路德·金，他们既非被选举的，也不是被任命的，但他们是真正的领导者，他们的行为方式吸引了追随者。因此，领导力不是关于头衔，而是关于行为。

2. 影响力是可以修炼的

通过上面的分析可以知道，高职位并不能给一个人的领导力增值，当然也不会给他减分。所以，一个人想要成为一个具备领导力的领导者就必须提升个人的影响力。

那么如何提高个人影响力呢？在北大国际MBA举行的一次演讲会上，麦克斯威尔博士总结了领导者身上的三个共同特质：

首先，成功的领导者都有明确的始终如一的目标。这种"目的性"和"方向感"是领导者行为的基础，它决定了具体行动和政策的成败。

其次，领导者要不断进步，终身学习。麦克斯威尔博士指出，成功的领导者从内心深处感到学习的重要性，他们永不满足，永不懈怠，终身学习，不断进取。在世界形势飞速变化的今天，只有不断学习才能适应环境的变化。

最后，领导者要为他人"增加价值"。事实上，一个好的领导者，一定会主动帮助下属，提升下属能力，全方位地影响下属。他有一种让下属迅速成长进步的热情和渴望，并具备这样的能力和魄力。

通过这些特质我们可以看出，一个成功的领导者想要做到影响他人就必须坚持以下原则：

首先，领导者想要影响他人，就必须学会对他人表示尊重。妄自尊大、故步自封、唯我独尊、武断专横的领导者会低估和忽略他人，甚至把他人视为机器来操控和支配。这样的领导者当然不会有什么影响力。所以，领导者必须具有建立好人际关系的能力，这是领导者成功的重要条件，合理运用人际关系所带来的价值也是成功领导者的必备要素。

其次，领导者要善于倾听，要有换位思考的同理心。好的领导者总是好的倾听者，只有先听，充分理解对象的情况，才能正确决策，合理地使用激励手段，达到影响追随者的目的。因此，一个合格的领导者，应懂得如何对下属进行培训、教育和开发，不断提高下属的素质、品质和能力，发展并培育一支战斗力强的团队，共同实现组织所希望达到的目标。只有伟大的团队才能造就伟大的事业；而具备宽阔胸怀的领导者才能建立起自己的团队，团队中个个是"精兵强将"。

再次，领导者要不断提升自己，不断提高自己的领导才能，不断学习，持续增加自己的"附加值"，具备新型的领导能力才能更好地领导新形势下的员工和下属。

最后，一个具备影响力的领导，必须拥有正面的积极的态度。面对困难、挑战和压力，什么是决定成功的要素？是领导者的态度。因为态度决定一切。态度实际上是一种思维方式，一种信念，一种内在价值观。内心怀有坚定信念的人往往执着进取，在困难面前毫不退缩，勇往直前，最后战胜自我，实现超越。你想应该成为怎样的人，你就可能成为怎样的人。因此，积极的、向上的态度是领导者成功的保障；而消极的态度，诸如缺乏宽容，忌妒，自我膨胀，悲观情绪，则是领导者失败的重要因素。所以，有效领导力首先建立在积极的态度上，而积极态度的实质是本人"愿意改变自己现有的态度"。态度决定生活方式，态度决定工作业绩，态度使挑战变为机遇。

第六节　互联网时代，经营"粉丝"最关键的活动

"粉丝"是英语"Fans"（狂热、热爱之意，后引申为影迷、追星等意思）的音译。"fan"是"运动、电影等的爱好者"的意思。所以，"film fan"是"影迷"的意思，"fan"也可以理解为"××迷"或者"××追星族"一类意思。

从"粉丝"的定义上讲，"粉丝"是对偶像的一种崇拜，一种痴迷，一种追随。他们具备忠诚、热情、狂热、积极、充满感情的特点，哪怕是明星的广告、海报，他们都很喜欢。他们还会持续付出自己的消费行为，不被流言迷惑，更愿意维护偶像的形象。

1. "粉丝"对偶像有着狂热的爱

每个人年轻时几乎都有自己所喜欢的偶像，但喜欢不等于"粉丝"。真正的"粉丝"应该是热情的，甚至是狂热的。他会关注偶像的每一条新闻，每一次发布会；房间里、微博里、空间里，到处贴满了偶像的照片；这还不算什么，真正"发烧"级的"粉丝"，会追随偶像到他每一次可能出现的地方。在偶像伤心流泪的时候，也会跟着痛哭流

涕；而一张偶像的签名，一张合影，会令他们激动万分。

2. "粉丝"对偶像十分信任和忠诚

当年的"方韩大战"中，方舟子一次次地攻击韩寒，但是，喜欢韩寒的人，依然在喜欢着他，因为他们坚信韩寒是没有代笔。当然，喜欢方舟子的人，也坚信自己的偶像是正确的，哪怕方舟子打假方式被人诟病、基金账目被质疑。郭敬明的"粉丝"何尝不是，对他的质疑从出道时就没有中断过，但他十年屹立不倒稳居畅销榜，除了聪明的商业头脑外，"粉丝"的不离不弃是郭敬明成功的最大保障。

3. "粉丝"十分了解自己的偶像，并投入情感

"粉丝"对偶像的一切都如数家珍，不然他都不好意思称自己是"粉丝"。他记得偶像的生日、星座、喜欢吃的菜、喜欢去的地方、交往过的恋人；知道偶像的每一部电影，每一首歌，连电影里很多台词他都记忆深刻。在"粉丝"心中，偶像与家人、恋人、朋友一样重要，虽然远离自己的生活，但在他心中，始终有一个位置留给了偶像。

4. "粉丝"都是以群体存在的，喜欢聚合

"粉丝"代表的是一种群体文化，为了寻找一种集体的归属感，他们会加入各种的歌友会、影迷会、"粉丝"团、贴吧、QQ群、微博群、豆瓣群。在网络空间里，他们分享、讨论关于偶像的资讯、照片，参与各类的线上活动。在现实空间里，他们聚在一起为偶像庆祝生日，或者组团参加偶像的演唱会、新闻发布会。

5. "粉丝"有排他性，偶像的敌人就是他的敌人

每个人都觉得自己喜欢的偶像是最优秀的，不允许别人否定他；而

且，偶像的朋友，就是他的朋友，偶像的敌人，就是他的敌人。在方韩大战中，双方的"粉丝"水火不容，同样，韩寒和郭敬明的"粉丝"也是如此。

6. "粉丝"不拒绝偶像的广告，还乐于传播

一般人对广告都有排斥性，或者被动地接受商家的广告。"粉丝"则不一样，他们并不拒绝偶像的广告，甚至很喜欢，并成为广告的重要传播者。例如，"米粉"对广告的参与热情很高，帮着小米手机进行口碑传播。

7. "粉丝"愿意为偶像付出自己的消费行为

"粉丝"还会为偶像付出自己的消费行为。他们看偶像的电影，听偶像的唱片，穿偶像代言的衣服，阅读偶像出版的自传，吃偶像代言的食品。正是"粉丝"如此庞大的消费能力，偶像的市场价值才得以体现。

人类已经进入一个恋物的时代，或者叫作品牌崇拜的时代。"粉丝"们崇拜的不再只限于娱乐明星，任何人、物、话题都可能成为"粉丝"聚合的对象。我们会像迷恋明星一样，迷恋一件产品、一个品牌，或者是一个企业。

"粉丝"钟爱这个品牌的每一款产品，并对它们的功能了如指掌，投入自己的感情和关注，连广告都很喜欢，当然更会付出自己持续的消费行为，有时还会捍卫品牌的声誉。这一切都源于他们对品牌的信任和狂热。

"果粉"对品牌的崇拜是惊人的，而"米粉"同样很狂热；痴迷和狂热的背后，则是企业巨大的成功。如今，苹果是全球市值最高的企业，而小米也是关注度最高的国产智能手机之一。

第七节　商业路演的主要形式

商业路演主要包括：人才路演（人才招聘会、校园宣讲会等），产品路演（新品发布会、产品订货会、产品推介会等），渠道路演（项目招商会、行业论坛等），资本路演（IPO路演、融资路演、众筹路演等）。

举行推介会和招商路演是两种常见的路演形式。

1. 举行推介会

在推介会上，路演公司向投资者就公司的产品、业绩、发展方向等做详细的介绍，充分阐述上市公司的投资价值，让准投资者们深入了解具体情况，并回答机构投资者关心的问题。

在互联网时代，商业路演这种形式被同时搬到了互联网上，也就是网上路演，即利用互联网这个平台来推广。网上路演现已成为上市公司展示自我的重要平台，推广股票发行的重要方式。

举行推介会所需资料包括：企业推介画册、招股说明书、研究报告（产品技术分析、市场分析、募集资金可行性分析报告）、发行公司文件封套、幻灯片和幻灯彩册、企业推广录像带、礼品、文件礼品袋等。

举行商业路演推介活动，应注意的问题：防止推销违例，宣传的内容要真实，推销时间应尽量缩短和集中，把握推销发行的时机。

当下，商业路演不仅得到了上市公司、券商、投资者的青睐，也引了其他企业的广泛关注和浓厚兴趣，并效仿证券业的路演方式来宣传推广企业的产品，形成时下盛行的"企业路演"。

商业路演的形式不仅被企业成功地移用，其概念和内涵也得以延伸，成为包括新闻发布会、产品发布会、产品展示、产品试用、优惠热卖、以旧换新、现场咨询、填表抽奖、礼品派送、有奖问答、卡拉OK比赛、文艺表演、游戏比赛等多项内容的现场活动。

现在，很多企业发布自己的产品或服务，都开始采用路演的形式，通过和消费者面对面的交流来宣传推广产品。

2. 招商路演

对于生产型的企业来说，如何让经销商信任你，是路演活动亟须解决的问题。中小企业需要解决的问题不仅有路演的问题（企业自己满意），还有市场后续操作的问题（经销商满意）；而通过招商路演模式，可以使不同的产品很快占领市场，并表现出强劲的上升势头。

那么，什么是招商路演呢？我们要通过解释两个词——"招商"与"路演"来说明。

我们知道，招商是通过现场演示产品的方法，引起目标人群的关注，让他们产生兴趣，最终达成销售。路演是通过厂家或者路演机构发布产品经营信息，寻找到目标地区合适的代理人。路演有两种功能：一是宣传，让更多的人知道你；二是现场销售，增加目标人群的试用机会。

招商路演就是在路演的基础上，不但要宣传产品，要现场销售（主要是面对消费者的）产品，同时又增加了一个新的目的，就是要引起目标商家的注意（目标经销商），通过对自己产品的展示和销售方法的展示，促使他们产生兴趣，并最终认可产品。因为此时的路演不仅仅是宣传和销售，更是要达到招到经销商的目的。

案例

天之泉饮料公司成立，主营薄荷味水和矿物质水。经过一年的市场运作，积累了一些忠诚的二批商，但要想扩大市场规模，就需要有大批的一级经销商来支撑。

通过对市场的了解，公司领导者认为，确定以薄荷水为主打产品，通过合适的路演方式，迅速建立销售网络，才能够突破当前的困境。策略确定以后，就看天之泉如何演绎此次路演了。

如何把产品宣传出去，让更多的人知道。他们采用了三种方法进行宣传：

第一，宣传单页。宣传单页要传达两个信息：一是面对消费者，二是面对经销商。对消费者要传达天之泉水的特点，是带有薄荷味的清凉水；对经销商要传达厂家要寻找独家代理商，寻求价格及厂家的支持。

于是，公司在全市范围内，突击发放5万张宣传单页，几乎覆盖所有的便利店、批发商、二批商甚至经销冷饮的小摊位，要让所有的经销者都知道：有一个新产品来了。同时对城乡结合部、在大型商超门口和繁华街道进行普投。这样的一轮宣传，让大街小巷都弥漫着一种天之泉薄荷水的味道。通过传单的发放，向市场传达出了天之泉要上市的信息。

第二，铺货。宣传到位了，下一步就是要让商家能够卖出产品，让消费者能够买到产品。铺货是路演中的关键，只有货品到位，才能真正引起商家的关注，才能够达到路演的目的。

第三，陈列。货铺下去要能够动销才行，要促使经销者快速地让货品动起来。要帮助销售点进行陈列，把产品信息更多地传递给消费者。销售人员应十分讲究产品陈列的方式，比如在进货多的二批商的门口建立大的堆头，在小经销点上进行单瓶的陈列，等等，总之，不放过一个能够陈列产品的机会。产品从发放传单、铺货到陈列，这是一个完整的系统。如果把整个招商路演比作一场戏，那么这个过程就是演员（产品）上场进行表演。表演主要是给谁看的？是给经销商看的，同时也是给二批商和终端看的。

天之泉的宣传攻势大，其目的是要重点做市场；高达95%的铺货率，在造声势的过程中，重要的是让每一个零售商都能看到天之泉的产品，形成一种热销局面；规范的陈列意味着销售人员是专业的，同时，也能够与同类产品区别开来。

路演是为了引起消费者的关注，更是为了引起经销商的注意，进而获得经销商对产品的认可，这是企业招商路演的最终目标。此时，工作的重点已经变为甄别经销商和确定经销商了。

招商路演作为一种务实的路演方法，对于没有实力运作大型路演的企业，是完全可以试用的有效方法。这种路演模式不会花费太多的费用，相反，在路演的过程中，由于是自己操作市场，还可以获得可观的利润。由于招商路演时潜在的经销商在关注着你，所以，参与招商路演的人员素质要高，要具有迅速解决突发问题的能力。对于有人才但缺乏资金实力的中小企业来说，采用招商路演的方法是不错的选择。

Chapter 2

第二章

商业路演必须思考的问题

商业路演是企业的品牌宣传活动和促销推广活动的重要内容，具有重要的战略意义和长远目标。活动将采用包括新闻发布会、研讨会、座谈会、论坛和促销推介会等多种形式，使政府和相关部门了解项目的经济实力和项目的理念，为后期区域扩张奠定基础。

第一节　讲给谁：投资人、消费者还是代理商

商业路演的对象是谁？有投资人、消费者，还有代理商。

1. 讲给投资人

这是一个大众创业、万众创新的时代，我们最想看到的就是好项目，让更多人不再进入金融和资本的误区，让更多项目快速发展，让更多创业者和企业家能够插上资本的翅膀。

创业的基本要素是梦想、时间和本钱，你拿什么做到资产回报最大化和资金效率最大化？你的商业模式是什么？一个思维模式的建立，决定了我们看问题的起点，决定了我们所处的位置，也决定了我们所能支配的资源。大至国家的发展、企业的运营，小至个人的未来，最终都源于对资源的掌握和支配的权力。

投资人首要关心的问题是什么？是商业模式设计。

关于设计商业模式，企业的创始人需要考虑几个问题：企业为谁存在？为什么存在？存在的意义是什么？

企业为谁存在？我们的企业存在的价值就在于我们对客户的价

值。客户是企业的出发点，客户的需求就是企业努力的方向，所以，我们应该仔细想想，我们的产品，我们的服务，是基于客户的需求存在的吗？

企业为什么存在？在企业成立之前，就有了企业所在的行业，不同的行业由众多不同的企业组成，而我们只是这众多企业中的一员，或举足轻重，或微不足道。但是我们一定要知道自己在这个行业存在的理由。这个行业有这样一片利润的"蓝海"无人问津，或者是人迹罕至，那么，你就是为了这一片"蓝海"而诞生的，你要占领这一片碧波蓝天，这就是你存在的理由。那么，现在回头看看自己的企业，审视自己在所属行业的区域地位，行业内是不是已经百舸争流，或者还有我没有发现的"蓝海"。

企业存在的意义是什么？企业存在的意义就是为了实现我们与客户的需求互换，也就是交易，而价值是交易的承载体，实际上，交易价值是贯穿整个商业模式的构建的。交易价值是商业模式的原点，客户价值、企业价值、行业价值围绕这个原点旋转，最后形成了商业模式构建的思维导图，如图2-1所示。

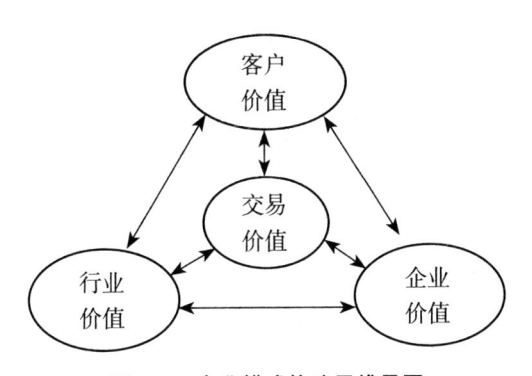

图2-1 商业模式构建思维导图

案例

2015年，苹果公司市值超过7000亿美元，堪比全球第20大经济体，超过瑞士。苹果公司是如何成为科技界的NO.1？

虽然苹果创始人乔布斯早已故去，但是很多人依然在怀念和赞叹乔布斯天才的领导力。事实上，一个企业家之所以伟大，不在于他多么地有个人魅力，而在于他具有怎样的商业思维，他能给企业带来什么样的商业模式和企业文化。

乔布斯给苹果带来了什么呢？

要回答这个问题，我们先看看1997—2003年，乔布斯在苹果公司做了些什么。

1997年，乔布斯回到了他亲手创立的苹果，当时的苹果公司已经岌岌可危，市值不到40亿美元。乔布斯以其独特的商业思维发现，要赶超或打败竞争对手选择正面交锋是不明智的，实际上，重新审视消费者的需求，企业完全可以找到一片新的蓝天，选择提供一个和现有产品不同价值主张的产品。

文化再造

乔布斯到苹果做的第一件事情，是重新塑造苹果的设计文化，推出了iMac，让苹果电脑重新成为"酷品牌"的代表。但资本市场对乔布斯的举动并不领情，iMac就像以前的苹果产品一样，属于典型的"非主流"人士使用，并没有给苹果的市值带来积极影响。

2003年3月，苹果公司的市值终于开始飙升！那一年苹果推出了iTunes。这是苹果历史上最具革命性创新的产品。可惜的是，直到今天它的意义依然被低估了。

起初iTunes只是一个和iPod相匹配的音乐管理平台，如今它是苹果终端的管理平台，无论是iPod、iPhone还是iPad，都通过它来管理。它是苹果的模式创新枢纽，没有它的出现，就没有iPhone和iPad这样革命性的产品出现。

产品创新背后的商业模式创新

为什么说iTunes那么重要？在此之前苹果只是一家产品公司，iTunes改变了一切。它让苹果公司得以进入音乐市场，不仅仅是靠卖产品赚钱，还可以通过卖音乐来赚钱。短短3年内，"iPad+iTunes"组合为苹果公司创收近100亿美元，几乎占到公司总收入的一半。

苹果之后发布iPhone和iPad，除产品设计本身的创新之外，还沿用了iTunes在iPad上的模式。因为正是在商业模式上的创新，才会有苹果最近几年来脱胎换骨的变化，商业模式的创新远远超越了其在产品创新方面的意义，产品创新只是商业模式创新的重要组成部分。

苹果真正的创新是让数字音乐下载变得更加简单易行。利用"iPad+iTunes"组合开创了一个全新的商业模式——将硬件、软件和服务融为一体。

苹果商业模式成功的两大要素

苹果商业模式成功的第一大要素，就是要制定一个有力的客户价值主张，也就是如何帮助客户完成其工作。对于苹果而言，iPhone的核心功能就是一个通讯和数码终端，它融合了手机、相机、音乐播放器和掌上电脑的功能，这种多功能的组合为用户提供了超越手机或者iPod这样单一的功能。苹果商店APP Store拥有近20万个程序，这些程序也是客户价值主张的重要组成部分。除此之外，苹果在用户体验方面做得非常出色，这些都是苹果提供的客户价值主张。

苹果商业模式成功的第二大要素，就是制定盈利模式，也就是为自己公司创造价值的详细计划。对于苹果公司而言，盈利路径主要有三个：一是靠卖硬件产品来获得一次性的高额利润。二是靠卖音乐和应用程序来获得重复性购买的持续利润。由于优秀的设计，以及超过10万首的音乐盒应用程序的支持，无论是iPad、iPhone还是iPod，都要比同类竞争产品的利润高很多。同样，由于有上面这些硬件的支持，那些应用程序也更有价值。三是收取运营商iPhone用户的话费提成。

同样是创新，1997—2003年，苹果侧重于产品创新，虽然也获得消费者的认可，但体现在公司市值方面不甚理想；而到了2003年以后，由于苹果开始创新自己的商业模式，创造了一个商业史上的奇迹。

1998—2007年，成功晋级《财富》500强的企业有27家，其中有11家认为他们的成功关键在于商业模式的创新。高原资本公司创始人在谈及自己从业20年的体会时说："回顾公司的发展，我认为每次失败都归于技术，每次成功都归于商业模式。"

苹果公司的伟大奇迹在于，它没有在行业内同一模式运作下与现有的竞争对手进行硬拼，它的成功源于它的另辟蹊径，它从挖掘消费者的独特价值方面着手，为消费者提供一个和现有产品不同价值主张的产品，从而破坏性地创造了一个新的市场，一种新的需求。

2. 讲给消费者

随着市场经济的不断发展，整合营销的地位日益突出，传统的促销模式已满足不了企业竞争的需要，路演作为一种新的促销模式在现代营销中已受到越来越多企业的青睐。

这样的情形我们经常看到：在城市的广场上、商场前、街道上，甚至大学校园里，一些企业为推广其产品和形象进行各种丰富多彩的活动，场面之热闹，装点之华丽，无不吸引路人驻足观望，热情参与，这就是时下众多企业热衷的新型产品推广宣传模式——路演。

进行路演的企业在各行各业都已经出现，路演对保险业也具有较大的吸引力。保险的销售主要靠保险代理人的推销和银行的代销,但代理人的"能力半径"有限,银行只适合于卖简单明了的产品。保险公司在推出新的产品尤其是复杂的产品时,通过路演的方式,由专家向众多听众详细讲解产品的内容和特性,以"一对一"的解说把复杂的产品推介给消费者,既推广了产品又宣传了公司,保险公司乐此不疲。

我国的企业开展路演促销的案例极为常见。联想以市场运作能力著称,在我国是较早进行路演促销的企业,对路演的演绎已是非常到位。就连一向居高自傲的中国电信现在也放下了架子,融入市场,在产品的推广上尽显王者本色。中国电信为推广ISDN宽带业务,经常举行路演活动,如举办宽带业务与技术研讨会,进行现场咨询、现场体验、礼品派送、有奖问答,等等,对于现场办理ADSL开户的还有特别优惠。

路演也是一种促销手段,但主要目的不只是为了促进产品的现场销售,更是为了推广产品和宣传公司,让更多的人了解企业的产品和技术,提升企业形象,因而路演在更大程度上是追求一种广告效应,当然,其最终目的还是为了促进产品的销售。

一般情况下,企业路演是为了推广新产品或新技术,通过路演能使消费者详细了解到企业的新产品或新技术,感受企业不断进步的形象,并能通过路演的形式和内容产生极大的口碑传播效应,最终获得产品销量的扩大和企业知名度的提升。

路演应有一个主题。正像产品需要牌名,人需要姓名一样,路演作为一种产品推广活动,应该具有一个鲜明的主题。主题也是路演的宣传口号,对活动的开展和宣传具有重要意义;主题应简洁、健康、紧贴推广内容、符合企业形象,具有意境,对消费者具有视觉冲击力和联想触动力;主题应能体现出企业为消费者带来的切实利益,增加产品的吸引力和传播效果。如联想的"领先科技推进简约商务",康泰人寿的"爱家行动",中美史克的"史克送健康,人人尽分享",中国电信的"将梦想接入现实"，这些都体现了路演的主题特征。

路演的形式应多样化，以增强对现场观众的吸引力。为了成功达到促销、宣传的目的，路演应在促销对象密集的地点（如IT产品在电脑城）使用彩旗、气球、音响等，将活动现场布置得热闹非凡、充满活力，同时配合散发宣传资料、派送小礼品等方式来加强路演效果。路演过程中贯穿的一系列趣味抽奖、有奖问答、产品（业务）现场演示及歌舞表演等路演内容应尽可能使消费者自始至终被牢牢吸引在路演现场周围，活动中反复出现的企业产品信息就会进入观众心智并逐渐巩固，消费者对产品的关注度就会提高，进而积极咨询产品的相关问题，甚至表现出极大的购买欲望。因而路演形式是路演成功的关键因素。

3. 讲给代理商

招商路演首先需要考虑在什么情况下路演，路演应该讲什么。需要先树立起正确的路演观念，然后探讨如何进行路演，只有这样我们的路演才能够行之有效，我们的路演活动才有成功的基础。

很多代理商将市场推广的希望寄托在路演上，在还没有弄清楚自己所代理品牌的产品市场销售情况下，寄希望于一招就灵，寄希望于客户，反而会弄巧成拙，给企业造成损失。

随着客户越来越"精"，任你说得天花乱坠，一般客户都不会相信。如何让客户相信，我们又如何做到心中有底，取决于代理商的样板市场的测试与建立。一切语言都有可能是虚假的，唯有事实是可信的。

所以，在路演之前，代理商最好能建立自己的直营样板店或加盟样板店。一方面可以了解产品在市场中的表现，检验推广方案的可行性，以及在推广中可能出现的问题，及时进行调整与完善；另一方面，建成一个样板店，让客户眼见为实，只要你的样板店获得成功，有谁会拒绝这样的赢利机会呢？

建立样板店也是代理商自身积累市场经验，并指导客户成功开拓市场的一个捷径。在自己还没有对代理品牌的推广了如指掌之前，最好不要迫不及待地进行路演。否则，败多胜少。

销售中有这样一个规律：缺乏经验的销售人员总是向客户阐述自己的产品如何如何好，其实客户真正关心的问题并不是你的产品如何好，而是你的产品如何能让他获利，招商路演的精髓也正是如此。

招商路演要想打动客户，关键是要明白客户需要得到什么，客户在怀疑什么，以及客户所面临的难题是什么，在此基础上，针对客户的诉求，动之以情，方能打动客户的心。

己所不欲，勿施于人。如果我们自己都没有真正搞清某一产品要采用何种策略与方法才可以顺利地销售出去，招起商来理所当然就会底气不足，不论你路演如何豪华，如何气派，总免不了看的人多，买单的人少。

但是，如果我们事先做了充分的市场研究与准备，对产品、对消费者、对竞争者都有详尽的分析，对产品的推广有切实可行的策略与计划，我们就做到了对市场推广的每一个环节都成竹在胸，自然会吸引客户，路演的成功，也就成为顺理成章的事情。

第二节　商业路演的禁忌与如何打动投资人

1. 路演忌讳

路演十分钟，台下十年功，商业路演千万别犯以下忌讳。

禁忌一：盲目性大，对目标市场不了解

前期准备要充分，首先是对创业项目和目标市场做深入的了解。很多创业者的路演中，要么调研样本太少，要么根本没做调研。同样，对目标用户的喜好也知之甚少，甚至没有目标用户定位。这样的情况，投资人如何放心把资金投给你呢？

禁忌二：空谈市场，不谈自己的项目如何切入

有些项目，市场空间很大。在路演中，创业者津津乐道于庞大的市场，自己的项目似乎与之无关。虽然创业项目与这个市场关系紧密，创业者却没有将自己的项目优势和目标市场联系起来，整个路演似乎是一座空中花园。

投资者无法通过你的项目到达那座"空中花园"，虽然里面姹紫嫣红。投资意向如何能不流产？

禁忌三：胃口太大，贪多嚼不烂

当下，一些创业者常挂嘴边的时髦词就是"平台""生态系统""立体式全方位"。但是作为初创公司，一开头就是平台、生态系统，是不是胃口大了点。

创业企业首先要做的就是把自己的产品卖出去，而不是想着一口吃个胖子。腾讯公司如今做成平台依赖的是其一贯以来苦心经营的聊天工具。平台思维固然重要，但那是后期扩张战略。对于初创公司来说，能让产品卖出去，才是重中之重。

禁忌四：文艺青年范儿——只有情怀，没有项目

一说到情怀，就是一种企业愿景，也就是企业文化。企业愿景为企业发展指引方向，能够成为路演营销的卖点。但只有情怀，不见项目，只有文化，不见产品，投资人怎么会相信你，又怎能把资金投给你。

锤子手机创始人罗永浩，如果没有手机产品，也许他的情怀，就只能算作一个文艺青年吧。

禁忌五：选错方向——投身"红海"，死路一条

投身"红海"市场的项目，将面临激烈的市场竞争，投资人一般是慎之又慎。例如，你现在去做聊天软件，多数情况要吃闭门羹，因为市场空间已经很小；而创业团队一开始就弄错了方向，路演只是白白耗费时间、资金的形式而已，如果你的商业模式陈旧，甚至连登台路演的机会都没有。

禁忌六：卖弄口才——信口开河，不知所云

路演PPT是图文并茂，创业者是口若悬河，没有轻重缓急、没有核心重点地一番高谈阔论。虽然在专业领域也许有一定价值，但是如果创业者不具备将其聚焦，并表达出来的能力。只能说明创业者对项目不够熟悉，无法知晓自己的核心卖点，更罔论将其凸出推广了。

以上是路演的禁忌，切莫触碰。通过这些禁忌，我们可以看出，要想获得路演的成功，投资者不仅需要充分了解自己的创业项目，还要懂得如何打动投资人。

2. 路演如何打动投资人

如何通过短短的路演展示来打动投资人，你需要给投资人展示你对产品或项目的自信，以及你所做的充足的准备。准备好一份经认真思考撰写的商业计划，这样如果投资人表达出兴趣，他们可以在短时间内了解更多。路演的目的就是，你做出一个充满热情和吸引力的演讲，然后把你的提纲或者详细的商业计划提交给被吸引的投资人。

下面是在准备你的路演时最重要的九点建议。

（1）讲故事

用一个动人的故事开始你的演讲。这会从一开始就激发起听众的兴趣。如果你可以把你的故事和听众的需求联系起来的话就更加完美了！你所讲的故事应该是关于你的产品所要解决的问题的。

（2）你的解决方案

分享你的产品独一无二的地方，为什么它能解决你所提到的问题。这一部分的介绍简约而不简单，要做到投资人听过以后，可以轻松地向另一个人介绍你到底在做什么。尽量少使用行业里的生僻词汇。

(3) 你的成就

投资人投资第一看重的是团队，第二才是项目创意。在演讲的前段，你就应该让投资人对你和你的团队刮目相看。重点谈一谈你和团队到目前为止取得的成就，如销售额、订单量、产品的火爆等。

(4) 你的目标市场

不要说所有上网的人都是你的客户，要对你所创造的产品有充分的认识，把你的目标市场定位清晰。这不仅能让你的听众印象深刻，也能帮助你精准你的市场战略。

(5) 如何获取客户

这是路演和商业计划中经常被遗忘的部分。你怎样招募到你的客户？得到一个客户需要投入多少资金？怎么样的推广才算是成功？

(6) 竞争对手

这也是路演中非常重要的一环。许多创业者在这一环节都没有做充分的准备，以翔实的数据来说明他们和竞争对手的不同。你如何来展示你于竞争对手的优势？一个有效的方式就是表格：把要比较的项目放在顶行，把你和竞争对手放在最左列，然后一个方面一个方面地来比较，一项一项地来说明你的优势。

(7) 你的盈利模式

投资人总是对这个部分最感兴趣。你怎么盈利呢？详细地介绍你的产品和定价，然后用事实来证明这个市场正在焦急地等待着你的产品的进入。

(8) 你的融资需求

清晰地说明你的融资需求，出让多少股权？未来的计划是如何？

(9) 投资人的退出机制

如果你的融资额在100万美元以上，那么大部分投资人都想知道你的退出机制是怎样的。你是希望被收购，还是上市，或者别的退出方式？

这就是商业路演中投资者想要听到的东西，也就是作为路演的创业企业想要达到的路演效果。

第三节　企业核心的竞争力

松下幸之助说："服务将决定能否让消费者满意。一切都是从服务开始的。"要永远赢得消费者，就要做服务，就是要靠服务制胜。成功的企业无不把服务作为核心竞争力。很多商家会失去消费者，并不是他的产品不好，而是低劣的服务把消费者给得罪了。

我们来看看海尔是如何服务赢得消费者的心。

案例

海尔集团创立于1984年，是世界第四大白色家电制造商、中国最具价值品牌、中国购买者满意度第一品牌。海尔之所以能取得今天的成就，很大程度得益于它的服务理念。优质服务，一直是海尔赢得用户的竞争力之一。因此，在业界也流传着许多有关海尔服务的动人故事。

7月的一天，一位海尔用户的妻子出差，而他本人在值夜班，家里只有80多岁的老母亲。夜里，老母亲打电话给儿子，说家里空调吹出的是热风，她不知道怎么办，希望他儿子赶快回来。可是，正值班的儿子无法脱身，情急之下就给海尔服务热线打了电话，没想到，海尔服务人员答应马上上门。海尔的3位师傅用专车连夜赶了100多里路来到用户家。检查的结果，是因用户的母亲不会使用遥控器，错把制冷键按成了制热键，所以才吹出了热风。

如果遇到这样的情况，相信很多服务员都会不高兴，可是，海尔的工作人员让我们看到的是另一幕感人场景。

师傅们耐心地教这位用户的母亲使用遥控器，如何将温度、风速设定好，直到老太太学会了，他们才放心地离开。走的时候，还留下了电话，说如果有什么问题可以随时打电话。

凑巧的是，这几位师傅刚离开没一会儿，这位老太太到洗手间洗手时，不知是什么原因，一个水龙头断了，水压很大，水已经从洗手间渗出，流到木地板上。老太太很着急，慌忙之际，想到给刚才那几位师傅打电话。几分钟后，师傅开车回来，立即冲入洗手间，经过10多分钟的紧张处理，终于将水堵住。修好水龙头，他们几个人还拿起拖把帮老太太把地拖得干干净净。

老太太非常感动，一边给几位师傅端水果，一边不停地感谢他们，最后还拿出钱给师傅们表示心意，但几位师傅不但没收，还说："大娘，您是我们的用户，帮您解决困难是我们的责任。"

看到这里，你一定从心里佩服海尔的服务。仅仅是满意还不够的，还要让用户情不自禁地发出赞叹声。

第二天，老太太的儿子回来了，她把昨晚发生的事情一五一十地告诉了儿子。老太太的儿子感动之余，毫不犹豫地来到商场再买了两台海尔空调。不仅如此，他还将海尔的真诚服务告诉其他人，让他们也购买海尔产品，都来享受海尔的真情服务。

故事讲完了，你从这个故事中能体会到什么吗？事实上，他们的任务就是解决产品的问题，可是海尔的工作人员还多一份助人为乐的精神，为用户提供了超乎他们期望的服务。这也许对员工自身来说，并不会获得多大的好处，但是对海尔来说，这就提升了用户的忠诚度和口碑效应。

作为企业就要培养这样的服务人员，时时刻刻想着用户，除了满足用户的需求外，还主动提供超乎用户期望的服务，这就更加容易赢得用户的心和忠诚了。想要成为有口皆碑的企业，想要成为消费者信赖的创业者，就要提供超值报务，这等于直接为企业创造利润。

第四节　成功商业路演的根基

在资本的市场里，开弓没有回头箭，一旦开始了你就只能走下去，直到成功的那一刻。一旦你在融资这条路上迈开了脚步，就只能走下去。没有退路，甚至看不到希望，但你必须坚持下去。

不断地跋涉，反复地路演，机械地演讲，不断坚持最终获得丰厚的回报。这就是成功商业路演的根基。

案例

很多人认为，上市公司最不缺的就是钱，但是对于第一视频创始人张力军来说，公司上市并没有缓解自己的资金难题。

2006年7月13日，第一视频上市。张力军的高兴并没有坚持多久，此时的第一视频作为上市公司虽然在外人看来风光无限，但张力军非常清楚自己所面临的压力：没有钱发工资，没有钱交房租，公司的中高层人员已经开始拿钱补贴公司的运营。如果他不能立即解决公司的资金问题，第一视频能不能继续风光下去，只有天知道了。

仅仅过了两个月，也就是2006年的9月13日，张力军主持召开股东大会，提出发行新股融资的计划。通过张力军的解释，新的融资计划被通过，张力军立即踏上了他终生难忘的融资之路。

就在2006年的9月、10月、11月这三个月份，张力军每个月都要飞往香港七八次，目的只有一个：路演，融资。

在路演的活动中，公司需要向投资者就公司的业绩、产品、发展方向等做详细介绍，充分阐述上市公司的投资价值，让准投资者们深入了解具体情况，并回答机构投资者关心的问题。

一般来说，路演的目的就是促进投资者与股票发行人之间的沟通和交流，以保证股票的顺利发行。在海外股票市场，股票发行人和承销商要根据路演的情况来决定发行量、发行价和发行时机。众所周知，搜狐在纳斯达克发行股票时，就是根据当时情况，将发行价进行调整后才得以顺利发行的；还有中国联通在香港招股时，则是早期定价比较保守，后来又根据路演情况调高了招股价。

当然，并不是所有的路演都是成功的，失败的案例也不少。比如中海油的海外融资，在路演过程中投资者对公司反应冷淡，公司虽然宣布缩减规模并降低招股价，市场仍然没有起色，加上有关部门的意见分歧，招股计划只好放弃，转而等待下一个机会。

所以，从路演的效果往往能够看到股票发行的成败。也正因如此，路演刚刚在中国出现的时候，不仅得到了上市公司、券商、投资者的关注和青睐，也引了其他企业的广泛关注和浓厚兴趣，甚至有很多企业效仿证券业的路演方式来宣传推广其公司的产品，形成时下盛行的"企业路演"。现在，企业路演的概念和内涵已改变和延伸，成为包括产品发布会、产品展示、产品试用、优惠热卖、现场咨询、填表抽奖、礼品派送、有奖问答、文艺表演、游戏比赛等多项内容的现场活动。

许多企业在路演阶段往往被"变形"。有这样一个例子：一个传统产业里的生产企业，路演时就"变"成了高新技术企业。当有人用包装来形容这一过程时，圈内人士认为，"这只是对企业锐意进取的精神进行造势，会使人认为这是一个奋发向上的极具现代精神的企业"。

那么在国际舞台上，企业该如何定位？首先你的介绍要使人感到在中国经济迅速发展的大背景下，企业能够焕发精神，迅速激发其增长性。当投资者看到前3年发展情况介绍时，能够感受到企业的迅速增长。

其次，在勾画前景时，企业要说明融资之后，将付诸哪些行动。"这更像一个广告，好像世界在为企业的前行铺平道路"。

在整个路演过程中，要记住一个核心问题：要吸引的是不熟悉企业的人，真正了解和准备购买股票的人，不会出现在路演现场，因为他们已经在第一时间做好投资的准备。

融资过程中，产品和市场本身是吸引投资人的主要因素，执行计划的人是融资的关键因素。从商业计划的完成，到接触投资人，演示计划，参观项目和企业，直至签定融资意向合同，最后融资到位，整个过程中，要讲究一定的方法和技巧。掌握这些知识，不会确保你能顺利融资，但在同等条件下，会大大增加融资的可能性。

路演是一门技巧，这里面包含很多的学问。比如很多人会认为，自己对所从事的投资项目和内容非常清楚，因此无须多做介绍。事实并非如此，因为只是你清楚还不够，你还需要让投资方也清楚才行。同时，也许你为自己以前取得的成就而自豪，但是投资人依然会对你的投资管理能力表示怀疑，并会问道：你凭什么可以将投资项目做到设想的目标？大多数人可能对此反应过敏，但是在面对投资人时，这样的怀疑却是会经常碰到的，这已构成了投资人对创业企业进行检验的一部分。

在某些情况下，投资人可能会要求企业放弃一部分原有的业务，以使其投资目标得以实现。放弃部分业务对那些业务分散的企业来说，是可行而且有必要的，在投入资本有限的情况下，企业只有集中资源才能在竞争中立于不败之地。

从一开始，企业家就应该明白，自己的目标和创业投资人的目标不可能完全相同。因此，在正式谈判之前，企业家要做的一项最重要的决策就是：为了满足投资人的要求，企业家自身能做出多大的妥协。一般来讲，创业资本找不到项目来投资的情况极少，寄希望于投资人来做出种种妥协是不现实的，所以企业家要做好做出一定妥协的准备。

Chapter 3

第三章

做好商业路演的策划工作

企业举行商业路演活动，一般在大中城市进行，包括筹划融资、品牌宣传、招收代理和促销推广等活动，具有重要的战略意义和长远目标。

企业商业路演活动有多种形式，目的是使客户了解项目的实力、专业水平，为张扬品牌和后期合作奠定基础；使消费者了解宣传推广的产品或服务，使之成为消费者的首选品牌，同时为后期进入中心城市市场做好准备。

在路演活动中，通过一系列的公关活动和媒体宣传，提升产品的品牌形象，提高产品的知名度，增强企业的竞争能力。

第一节　路演人员及组织

商业路演的主要形式是举行推介会，公司向投资者就公司的业绩、产品、发展方向等做详细介绍，充分阐述公司的投资价值，让准投资者们深入了解具体情况，并回答机构投资者关心的问题。随着网络技术的发展，这种传统的路演同时搬到了互联网上，网上路演现已成为上市公司展示自我的重要平台，推广股票的重要方式。

1. 组建精锐路演团队

一个没有思想的人是行尸走肉，一个没有核心理念的路演队伍只能是一盘散沙。所以，在沟通与管理中不但要教会员工如何运用各种技巧去路演，更重要的是团队必须要有凝聚人心的思想，真正形成有凝聚力的路演团队。

"思路决定出路,细节决定成败",罗马帝国不是一天能建成的,路演讲究市场功底,讲究细节的累积,再高的路演目标也是由一个又一个大大小小的路演业绩累积而成的。

路演活动必须强调全员路演的观念,除了路演核心人员,其他人员也要懂得公司产品的路演政策、产品知识。如果路演仅仅依靠一两个核心人员,是无论如何也不能招架听众的询问和业务洽谈。这就要求路演团队的每一个成员都能做到,全面了解路演政策和产品知识,对客户的一般问题都能做出解答,由核心成员把握实质的签约问题,这样不仅对每个成员是一种锻炼,同时也大大减轻了核心成员的压力,增加了签约的成功率。

路演是一个系统工程,在这个工程中,人的因素是关键。要使产品销售突飞猛进,公司管理稳定发展,建立一支精明强干的路演队伍,是企业路演工作的重中之重。然而,除了专业路演的企业之外,一般的路演企业在团队建设方面是弱项。

对于非专业路演的企业来说,路演团队的组建一般是临时性的,团队成员需要把原来的工作放下,或者是兼任原来的工作,因此,在路演的过程中,路演团队要全员参与,共同参加到策划、组织、实施路演的过程中来。群策群力,共同把路演活动组织好,实施好。

在实际操作中,如何来组建一支精干的路演团队?首先,要建立一个完善的路演组织体系。依据路演团队的规模,路演的组织体系大小也不尽相同。在路演的组织体系中一般有几个核心的职能部门和岗位:路演经理、企划部和销售部。

(1)**路演经理**

路演经理的主要职能是统揽路演全局,协调各个部门之间的关系,担负着路演项目战略的制订以及战术落实的监督等重要职能。具体包括路演目标的制定,确定部门各阶段工作计划,与目标客户进行商务谈判、合同的监督执行。一般来说，路演经理由路演团队的负责人担任。

（2）企划部

企划部是路演的"大脑"，它担负着收集市场信息、调查和研究市场、路演策划等重要的工作，为路演提供全面的市场引导与支持，包括所有路演策略的制定与落实，路演广告的媒体选择，路演费用预算及效果评估，路演会议的组织实施，路演信息的管理，听众常见问题应答，合作对象甄选标准与核查。一般设置企划、文案、平面设计、媒介投放、市场调研等几大块面。

（3）销售部

销售部是路演工作的执行者，与合作方"短兵相接"，担负着客户邀请、商务谈判等重任，建立、健全客户档案，加强客户管理，保持与客户间双向沟通。一般销售部设置区域经理及销售助理若干名。

在这个部门里，销售助理的角色非常重要，他（她）是客户来电的接听和处理者，同时协助区域经理处理日常的信件、信息处理、路演谈判及合作方档案管理等重要工作，区域经理不在时还要成为"替补"，是合作方和区域经理之间的"缓冲带"，所以销售助理的角色很重要。具体职责一般为：汇总市场信息，对拓展路演提出建议及方案；组织建立健全客户档案，确保客户不丢失；负责接听咨询来电，回答、介绍有关问题；负责重要客户的接待工作，票务联系；对确保合作方信誉负责。

区域经理的重要性就不言而喻了，他直接关系到公司的路演业绩，不但要将公司的路演政策传递给合作方，还要向合作方描绘可操作的市场方案及美好的市场前景，促成合作方"应招"；与合作方保持密切联系；参与合作方初选谈判；负责客户的接送站、订房、接待工作；接听客户来电，介绍产品知识；考察客户的信誉度、经营实力情况；各种报表的管理、预备工作；各种宣传品的管理，预备工作；对与客户保持良好关系负责。区域经理应具备一定的路演运作经验，长于说服、鼓励性的谈判，具团队合作精神、服从意识和大局观念。

这样一个路演的组织结构适合于路演的整个过程，但在路演会召开期间，路演团队的各项工作应做相应的调整，紧紧围绕路演现场会的实施，成立路演会的会务组和业务组，并有"统筹"统一指挥。

一个路演团队能否发挥出应有的水平，一方面要依靠一个管理者的技能和水平，另一方面也应该注意各项制度和体系的建设，包括组织结构的优化，建立以岗位责任制为核心的考核制度，完善和落实考评和激励机制，建立团队的培训体系。

2. 商业路演的战略意图

商业路演的战略意图包括：树立起项目形象，塑造项目品牌，促进项目的销售。在路演的中心城市，将根据不同城市特质进行促销活动。通过活动聚集人气，推进展示，引起当地城市的关注，提高项目的知名度。具体包括以下几方面内容：

第一，通过展示活动与调查表格，了解该城市市场状况，为后期扩张创造条件。

第二，通过促销活动（例如优惠价），在当地实现销售。

第三，通过信息传播，使得项目成为用户首选品牌。

第四，促进项目在当地的销售。

第五，促进代理销售商工作的开展。

3. 商业路演的目标

商业路演不是凭空产生的一项活动，一方面企业要花费大量的人力物力，另一方面，必须有清晰的目标，这样才有可能产生理想的效果。商业路演要达到的目标具体包括以下几个方面：

第一，面对政府和行业主管部门，让其了解项目的经济实力，以及项目进入城市后将给城市创造的价值，并以此提高政府和行政主管部门的社会威望和形象；实现公司高层和当地政府的顺利对接，创造企业高层和当地政府的沟通机会，为投资争取更多的优惠。

第二，获得所在城市同行的认知、认同，推广项目的运营模式，在金融界和行业内建立起企业的知名度，为后期成为合作伙伴奠定基础。

第三，抓住目标消费群，有一定的客户积累，产生一定的销售（多半会在后期体现）。

第四，通过路演，寻求各城市当地的代理商，建立中长期的全国销售网络平台，扩张和延伸销售触角，同时为后期把握全国市场建立良好的预警系统。

4. 商业路演的策略

为了保证企业商业路演的成功，在整个活动运作中，应该在城市选择、组织设计、时间把握、媒体组合、整体运作上面，有全局的、系统的、整体的策略。

（1）城市选择的空间策略

由于我国区域经济发展的不平衡，在空间上必须根据城市发展的水平（决定后期扩张的市场成熟度）、城市影响力和辐射力（品牌推广的价值）、市场购买力（未来可能的购买能力）、行业发展的水平（建立行业地位）、区域特征（同本项目的关联度）等方面选择城市。考虑到路演资金的有限性，在城市的选择上分三个层次：大城市、中城市、小城市。为了降低路演过程中的成本，在推广的空间上将采用以区域核心城市为中心，以相邻的中小城市为辐射半径，进行巡回式路演。

（2）外包式的组织策略

考虑到人力和能力两方面的原因，路演的执行将采取外包式的组织模式，整合路演城市的广告公司或公关公司或媒体负责具体的执行。

（3）借势的时间和地点策略

为了使路演活动更为有效，在城市路演的具体时间和地点选择上，应该关注以下可以借势的机会点：当地城市重大的与投资或行业相关的活动，当地城市的重大会展活动，当地城市的各种论坛，当地城市在文化、体育、建筑等方面的比赛，当地城市有影响力的其他活动。

（4）全国联动的媒体策略

路演是一项品牌推广和张扬性的活动，因此所有的举动必须实行全国性的媒体联动，通过围点打援、同频共振的手段，达到乘数效应。具体的运作策略：建立媒体中心，所有城市的路演必须在媒体上进行联动，进行同步跟踪报道；媒体中心还需要负责在全国性媒体上进行联动。选择一家全国性的平面媒体和一家网络作为支持，进行联动；每一个路演城市必须在主流媒体上进行联动，有条件的还需在能够辐射到的区域范围内的媒体联动。

5. 商业路演活动的具体情况介绍

活动总称："项目全国性品牌大路演"。

活动周期：××年××月至××年××月。

路演城市选择与线路安排：××。

活动内容：举办全国性品牌路演新闻发布会，推出以论坛和座谈会为主的延伸性公关活动，进行以项目推介为主的促销活动，并辅之以品牌展示为主的展览展示活动。

活动主办方：××。

活动策划：××。

活动主协办：邀请××部、各城市相关政府部门、各地主要媒体单位、各地会展中心。

活动承办：广告或公关公司、各地受托操作公司、××网（网上路演）。

支持媒体：××。

拟邀嘉宾：当地相关领导、房地产界代表、各界名流。

第二节　路演策划书写作

确定路演活动的主题，是关系到路演能否吸引客户前往的关键。因此，活动主题必须新颖，能够吸引客户有兴趣来参加这次活动。目标客户来得越多，路演的成果也会越大，所以，活动主题的首要条件是能吸引人气。

确定本次路演的主题是以展示公司实力为主，还是以公司新品发布为主，或者有其他的重大活动参与其中。要让目标客户产生强烈的兴趣，让他们前来参加这个活动。根据路演活动的主题，确定活动的形式，进而调整路演的策略。

明确活动主题之后，整个策划方案的主体已基本确定下来。主题是路演活动策划的灵魂，是核心，所有的路演工作都是围绕这个主题展开，包括活动的场地、现场氛围的布置、邀请客户、广告宣传、媒体的联络、确定会议讲话的嘉宾等各项工作。

拟定路演策划书是路演策划最重要的环节，因为方案的优劣直接影响路演后面程序的进行，直接关系到路演的效果。因此，必须极为重视路演策划书的拟订。

路演作为一种最具中国特色的营销手段，已悄悄改变了无数中国企业的命运。路演运作水平的高低直接决定产品路演成败。据业内专家分析，目前大多数企业在路演运作上都比较草率，大都是相同的模式，即找广告公司——找几家媒体——刊登广告——等待反馈。

广告公司由于对企业所在的行业缺乏深入的了解，往往选择媒体不合理、广告制作简单、信息发布没有深度，因而很难抓住投资者。比如在一些经济类报刊广告中，"欢迎加盟""诚招代理"等广告语随处可见。这样的广告自然收不到良好的路演效果。路演水平的高低直接决定产品路演的成败，而企业路演的成与败又直接影响着投资方、客户、媒体以及路演服务机构的利益。

因此，要走好路演的第一步，即路演策划——拟订路演策划书。

首先，路演策划书应包括路演组织机构的规划与设计。路演组织实施要多少人，各自的职责，分工培训如何，等等，成立专门的职能路演机构，从组织架构上予以重视，路演工作完成后，路演部门自动转为销售部门或市场管理部门。同时计划专业人才的引进，高素质的路演营销团队，是企业路演成败的关键因素，也是企业普遍存在的一块短板，产品有了，思路清晰了，资金到位了，万事俱备，如果没有人力能够有效实施，结果是可想而知的。

大多数企业对专业路演人才的作用认识不足，或者不愿付出高素质人力成本，人才数量和质量都无法保证，关键时候不能完成"临门一脚"，错失商机。

其次，在路演策划书里必须拟订详细的产品政策，包括产品定价、路演价、路演区域。大部分企业经营几个甚至多个产品品种，对每一个产品都爱不释手，没有主次，这在路演上是大忌，必须从众多产品中筛选出一个最具差异化竞争优势的产品，作为主角，集中优势兵力，先让主角成名。然后是品牌带动原则，好产品只是成功的保障，在打好产品牌的同时，要注意品牌形象的树立，通过各种媒体广告、形象代言人、渠道的建立、专卖店及店中店装修及形象的提升，来提升品牌的整体形象。

在路演策划书里还应包括路演方式、媒体选择、费用预算等。

一个成功的路演活动应具备以下四个步骤：第一，如何找到你要找的优秀的客户。第二，如何让你找到的优秀客户能够按照你的计划来到路演现场。第三，路演现场所有的流程控制策划。第四，路演现场活动完成后的跟进。这四个部分是关键。

有很多企业抱怨，我投入人力物力，路演在五星级酒店，办得很热闹，可大家热闹完了之后就都走了，签合同的没几个，钱花了不少但是效果很差。这里，最重要的是你所策划的活动中，你请的人是不是你的目标对象，这是路演成功的前提。

通过一次路演大会我们要达到四个目的：第一，实现了路演的目标；第二，提升了老客户的士气；第三，完成了签约；第四，淘汰掉一些不合格的老客户。只有实现了这四个目的，我们才能说策划的这场路演取得了成功。

下面是工业企业的招商路演策划草案，供各企业在策划组织、实施一场商业路演时参考。

案例

一、商业路演目的

1. 提高××品牌在××地区的知名度和美誉度。

2. 拓展销售通路，扩展××品牌在××地区的市场份额。

3. 完成此次路演订货营销目标。

二、商业路演主题

待定：××品牌研讨会

三、商业路演时间

待定：2016年××月××日

四、商业路演策略

1. 以培训为新闻素材点，软广告硬广告结合造势。

2. 周密计划、主动出击目标客户。

3. 路演进行中控制节奏、言传身教、灌输观念，积极调动加盟商的热情。

五、商业路演操作思路和方法

1. 动员大会。成立路演工作小组，确定小组成员/组长，确定路演营销目标，确定会前、会后小组成员和公司相关部门工作分工、计划及跟进。

2. 路演工作小组。是路演的核心、总策划，发挥着举足轻重的作用。负责路演的计划、执行工作，跟踪项目的进展。

3. 销售部。此次项目的重要部门，负责进行会前的意向客户的开发，并达成公司的欲求效果。采取"主动出击、广泛撒网、重点培养"的策略。

此次项目市场调研包括：城市主要的商业街、步行街、大型百货业、目标客户竞争品牌的营业情况；有效的市场数据及目标，包括分布情况、营业面积、年销售额、竞争度；当地的消费情况和地区的政策。

调研后的人员安排和分工。做好分工前的准备事项，在此同时品牌公司配合整体的项目做软性的广告宣传。根据调研的结果，结合本品牌的实际情况，按区域的主次和容量的大小进行人员的分配。

4. 开发前的培训。内容包括：公司的背景；公司的文化；品牌目前发展的网络；此次拜访的目的——传递公司××日期举办"××品牌研讨会"，并于×月×日举办"如何提升终端店铺的核心竞争力"课程的培训，附加将于×月×日在××报刊刊登相关的广告；拜访的程序和方法。

5. 服装表演。务必明确主负责人，公司在品牌方面的诉求效果。

6. 服装演说词。品牌公司研发部负责，项目的主策划人审核。

7. 欲参观店铺的陈列。品牌公司研发部负责，项目的主策划人审核。

8. 财务部。负责路演策划组织实施的预算工作，并做好会务的资金使用控制。负责制作成功加盟商的销售报表分析。要领：在分析报表过程中没有固定的形式和表格，可由财务部门编写易懂的、清晰的、对比性强的表格和柱形图，用数字说话更具说服力；如果有专业的人士配合，制成投影效果最佳，效果更直观。

9. 企业化会务组。负责该项目策划方面的事项。包括项目的软件和硬性的广告、场地的布置、项目场地的硬件宣传物料、板房陈列的相关物料、企业的画册、培训宣传单、项目的邀请函、员工工作牌、嘉宾的胸牌。

10. 各部门完成相关工作时段表：待定。

11. 人员安排。在项目进行中，不可避免有突发事件的发生，在人员安排方面，明确到总策划人、接待组负责人；现场突发事件、现场硬件处理、客户现场沟通等具体由谁负责，明确到个人，并制订工作电话联络单，便于现场联系。

12. 看店。看店的目的是给客户现场感受××品牌，坚定其加盟信心。选定有代表性的一家或几家店铺，提前做好人员、货品、陈列等方面的准备工作。

13. 谈判。分两部分进行。第一天，由拓展经理进行初选。由拓展员将各自片区的客户做好谈判时间和时间段的安排，慕名而来的客人一定要有专人负责安排；当晚，营销部进行二次筛选。第二天，确定意向和签订合约。

14. 备注。在整个项目中××品牌欲达成的效果，要明确传达给工作人员，令其工作有目标。明确员工的工作目标和工作重点并合理安排时间。

为了更好地造势，请媒体和服装界名人如服装协会、名设计师参会，其效果更佳。主持人亦为重要的环节，最好聘请电视台的主持人，提前做好沟通工作，以使主持人充分了解企业，便于控制场面。

加盟商及店铺中端人员报到。在签到的环节要安排足够的接待员，意向客户报到时安排接待人员负责（提前安排，带齐资料的客户有专人带领入场；没有资料者由另外的人员负责，以避免在现场尴尬）。对加盟商的服务要热情、周到，让加盟商有宾至如归的感觉，并合理地安排住宿。

六、路演会议进程

针对客户及品牌的现状，在商业路演主题的框架下，进一步确定本次路演活动的主要内容：

1. 开幕仪式。

2. 品牌总经理或营销总监致辞。

3. 企业总经理致辞，介绍加盟政策。

4. 颁奖仪式，对经营有方的加盟商颁奖。

5. 培训课程。培训研讨的内容应包括品牌发展战略及优势，路演加盟政策的特点，店铺运营实战操作培训，等等。

6. 秋冬新品发布及时装秀表演。

7. 现场签约促销政策。

这样的路演内容，基本包括终端的培训、加盟的政策、新产品的市场前景，从几个方面全面阐述企业的发展方向与加盟商前景，从多角度来巩固加盟商对该品牌的印象，并通过全面的市场分析，使加盟商坚信加盟该品牌一定能赢得可观的利润，达到厂家品牌宣传与扩大市场份额的目的。

还要特别邀请一些媒体的记者朋友，让他们也一起来参与见证这次活动，以利后续的媒体宣传，为路演活动的召开与取得圆满成功造势。

第三节　路演活动的全面准备工作

企业要举办一次成功的商业路演，需要做精心的策划和准备，有时需要一至两个月甚至更长时间的精心筹划，才能换来路演的几天中大量客户签约的辉煌时刻。

如果路演准备不足，举办时间仓促，就无法保证做出周密而系统的策划，策划工作质量不高，路演的效果也就难以保障。当然，策划工作也不是越早越好，一般应由路演规模的大小、路演的内容、需办理哪些手续等因素来决定。准备一场商业路演，一般要经历五个阶段：策划阶段、运筹阶段、筹备阶段、运作阶段和促进阶段。

1. 路演的策划阶段

在路演的策划阶段，首先要明确路演的目标，盘整企业内外部资源并做好路演的自我定位，然后组建路演团队，进行市场的调查与研究，寻找路演的卖点，圈定目标客户，在前期调研的基础上最终确定路演的主题并拟定路演的方案。

2. 路演的运筹阶段

路演有了主题和策划方案，下一步的工作就应对路演做全面的运筹了。做好路演费用的预算，然后开始招揽路演参会客户，通过业务人员走访、广告等方式发布路演信息，与客户取得联系并确认参会来宾。在运筹阶段还要选定会场，确定来宾的餐饮住宿标准，在与客户沟通的过程中还要特别注意沟通和接待的礼仪。

3. 路演的筹备阶段

从路演的筹备阶段开始，进入了路演的实质阶段，各项工作开始紧锣密鼓地进行：明确会务日程安排，会务人员分工，会场布置及会务准备，各项会议活动的彩排和工作流程的演练，还有一项十分重要的工作就是培训课程的安排。在许多路演上安排一场培训和研讨课程成为了路演的重头戏，而且经过一场优秀的培训课程，路演一般都会收到意想不到的效果。

4. 路演的运作阶段

路演进入了运作实施阶段，已经到了最关键的时刻，连突带破，已经到了对方的"球门"前，"临门一脚"成为关键。在路演开始之前，我们再次梳理一下此次路演的工作重点，然后开始我们的商业路演，只要商业路演按照计划实施，各工作小组按照既定流程做好本职工作，业务的洽谈和协议的签署也会很顺利地进行。

5. 路演的促进阶段

路演结束了，可我们的路演工作还没有结束。在安排好来宾的返程、会务组与酒店结算后，马上做一个路演的总结，盘整一下路演的收获，并做好路演后期的宣传工作，以全面提升路演团队的士气，再接再厉，不放过任何一个机会，继续跟踪意向客户，尽快达成合作协议。

第四节　与客户的沟通及参会确认

1. 接听路演电话的程序与技巧

确定路演活动接听电话的负责人，负责人不仅要对所路演的业务熟练，而且要对路演的策划和准备工作详细了解。

每一个接听路演电话的人必须正确填写路演电话接听表，详细填写各个项目，由销售部每天汇总一次。来电对方如果询问路演信息，而负责的业务人员又不在时，接听电话人应该说："您好，他现在不在，您能否留下您的联系方式，等他回来后我转达给他，让他直接打电话给您。"千万不可说"他不在"或者没有人接听就挂断电话。

接听电话时，首先是聆听，听清楚对方要问什么，关心什么，才能对症解答；不要抢话，语言要言简意赅，突出重点和优势。

详细记录客户的信息：所在城市、性别、职业或从事行业，信息来源，有无时间参加路演，是否需要寄资料，联系电话，等等。如有的客户不愿留下电话，可说明电话是快递公司为了确认详细地址要用，否则快递公司不受理。

如果遇到语言比较激烈或者偏激的询问者，一定要不卑不亢，首先不要顶撞，可以说"您再考虑考虑"，我们在电话里只能谈个意向或框架，可以进一步以传真或者电子邮件的方式进行交流。

言出必践，一旦答应咨询者的事情，一定要按时答复，即使是没有结果，也要通知一声。比如本来答应客户"下午查完后马上回话"，结果下午一忙就忘了，过去两天再想起来打电话过去，对方说"不想做了"。一个小小的失误就有可能造成很大的损失，因为对方会想到你连这点承诺都做不到，何况复杂的营销服务承诺呢。

所以超出自己职责范围的事情不要轻易做出承诺，一定要留有余地，以便让上级有回旋余地，但是在自己职权范围以内的事情要大胆拍板，避免给对方以啰唆的印象。公司的谈判机密不能泄露，比如说成交金额，打款阶段，等等。接听客户交代办理的事情不推脱，应该尽自己所能来解答，解释不清楚的就记下来，可以征求上级意见，得到准确答复后再回答。

2. 路演资料发放

资料发放的种类，包括邀请函、入场券、日程安排表、路演书、路演政策资料、产品彩页，如有嘉宾需发请柬。

资料发放的方式：特快专递、挂号信、传真、电邮。

资料发放注意事项：邀请函的内容与设计切合策划主题；各种资料

印刷装订要注意，不能出现错页、漏页、反页等现象；信封的填写与内容一致，严禁出现张冠李戴现象；如有必要附请柬的贵客，请柬一定要亲自或找笔锋流畅的人书写；每套资料都应附有业务人员的名片，以备联系。

3. 客户的参会确认

在我们走访客户的时候，给我们的目标客户一份邀请函，在现场如果确认这位客户能够参加的话，就要求客户填写邀请函回执。能够现场取得邀请函的回执，目标客户参会的可能性会很大。

但是也不能掉以轻心，也许客户在现场时只是碍于情面，把回执填写了。在路演开始一周前，还要与客户电话沟通，确认客户是否参加；即便是在现场没有填写回执，之后给你传真或邮寄回执的，这时也需要进一步确认，大概确定路演参加的人数，以便于后期的会务准备。通过此次确认之后，在路演开始的前两天，还应予来宾做最后的确认，并确定是否接站，是否住宿。

通过路演广告慕名打电话而来的客户，我们会同时将路演资料和邀请函邮寄给客户，向他们说明与会情况，尽量让客户参加我们的路演。

对于我们的老客户，只要通知到位就可以了，该发的邀请函一定要发，一定不能让他们感受到冷落。

为了方便来宾确认，我们可以以传真确认、电邮确认、信函确认、电话口头确认。需接站的来宾应提供联系方式，以备急用。无论是推荐还是通过其他信息前来的客户，对其前来的意向一定要有了解，以方便我方进行有效的拓展与分组工作。

来宾出发前再一次电话沟通，确定行程方式，到达时间，是否安排接站，并再次强调会场地址及乘车路线。接站人员凭接站名单确认来宾并统一制作接站牌，选择结实耐用的材料，牌上写有明显的识别文字，如"××公司路演接待处"。有些航班或车次经常出现晚点，所以最好安排站内接站人员长时间等候。

第五节　路演会场准备及费用预算

1. 路演会场选择标准

路演会场的选择要符合以下标准：

第一，交通便利。便利的交通可为参会者和路演举办者减少很多麻烦。

第二，路演会场在当地比较知名。路演所在酒店最好是比较高档的酒店，而且一定要在当地小有名气。

第三，路演会场具备同时开会、住宿、就餐的条件。根据不同的会议规模选择不同规模的路演会场。会场的选择与布置应同时考虑会场色调对来宾心理、情绪的影响，一般不要选择全是白色或者红色的会场，在那样的环境里待久了会使人烦躁，一般以蓝色和浅灰色为主。

第四，路演会场要求整体环境舒适，温度适宜，不压抑，无噪音，光线充足，能满足预期人员的坐席，音响效果好，具有数码投影仪与幕布、白板、立体讲台、饮水机等。卫生间不能离会场太远，不然会给来宾造成诸多不便。

特别提示：

建议最好选择比较高档的酒店，因为这种路演是展示品牌和实力的时候，酒店规模一定不能低，硬件和软件设计都要齐全。

路演前要统计好参会人数，如果经过确认的客户要来200人，宁可让会场的座位坐不下，也不要去订300人的会场。路演来了260个人，而现场只有200个座位，人山人海，旁边有站着听，那才有气氛。当然也不要让客户站着听一天，在后排准备些椅子，这样才能烘托出路演的火爆。

2. 路演住宿安排

路演来宾住宿以双人间为主，无噪音。

住房统一登记，统一安排，酒店总台服务人员应提前将房间钥匙交给会务组，来宾到会务组登记后交押金领取房间钥匙。

会务组安排在楼层首间或便于查找的房间，便于与客户沟通。

与酒店楼层或总台服务人员沟通好每日几点定时拨打叫醒电话、用餐电话、提前通知。

避免分散住宿，所有房间要集中安排。

路演结束后，按等级表回收房卡，做好记号，清楚退房情况，以免有遗漏。

3. 路演就餐标准

路演来宾就餐环境清洁卫生，能满足参会人员同时用餐的需求，每张餐桌要有餐桌号，便于分组后确认。

就餐按当地标准适当安排，原则是中、晚餐按10人台计算，荤素搭配每桌不超过十个菜，主食以当地习惯搭配，上菜速度要合理，不能过长。

早餐最好安排自助餐（有些酒店的早餐可以争取免费）。

路演后如安排聚餐，菜可适当增加，酒水以啤酒或饮料为主，以便会议结束后的沟通能够顺利进行。

4. 费用预算量力而行

企业资金的储备和调度能力，是其能否正常路演的关键，是维持路演正常进行的根本。在路演过程中，人力资源的费用支出、路演的宣传支出、产品广告宣传的费用支出、会场会务费用支出，这些都涉及资金的问题。

路演的资金调度是在路演能够正常进行的条件下，尽可能地控制你的成本并扩大你的收入。在这里要注意两个极端：一是过于控制成本。对费用的过度控制是企业追求利益最大化的常见行为，合理的费用支出是经营收益链不至断裂的必要保证。二是不考虑成本。在路演初期不考虑成本，放手一搏，结果往往造成后续现金流量不足，导致路演受阻。当现金流量迟滞时会变更经营计划，当现金流量阻断时会出现崩溃。这就要求企业在准备路演时，在资金上有合理储备，资金的调度应与路演项目运行规律吻合为宜。

为了使资金得到良好的使用，使路演获得最佳效果，企业在路演前期应做好路演费用预算，量力而行，有多少资金开多大规模的路演。企业要在这一阶段把路演各个环节的开支做好预算，尽量做到预算的全面，以免由于预算不到位、方案不全面或控制不严格，临时追加大量费用，造成费用严重超支，到时追悔莫及。

开办一场商业路演的费用主要有两项：一项是会务费用，一项是会议宣传推广费用。两项费用都包括很多的小项，下面列出了费用的主要支出项目，以供参考。不同的路演根据会议内容的不同，主要的开支项目会有所不同。

（1）会务费用

会务费用包括以下内容：

一是会场费用，包括会场使用会场布置材料、投影仪等费用。

二是客户费用，包括餐饮住宿、礼品、奖品等费用。

三是资料物料费用，包括路演手册、邀请函、手提袋、文具等费用。

四是模特表演费用，包括灯光音响、灯光音响师、模特等费用。

五是交通费用。

六是其他费用。

（2）会议宣传推广费用

会议宣传推广费用包括以下内容：

一是新闻广告费用。

二是嘉宾费用，包括培训顾问、记者等费用。

三是营销支持费用。

四是主持人费用。

五是其他费用。

第六节　路演本身的宣传

路演运筹的第一步就是路演信息的发布，只有我们的路演信息有效地传达给了目标客户，客户熟悉了我们的路演，并且我们的路演信息能够有效地吸引客户的参加，我们路演信息的发布才算是成功了。

1. 通过业务员走访发布路演信息

业务人员走访是一种路演信息发布方式，它主要是针对确定的路演群体进行走访和沟通，传达路演信息。业务人员走访针对性强，速度快，可以节省大量的广告费。这种业务员的走访被我们称作是"主动出击"。

那么，如何通过主动出击找到我们想要的目标客户呢？

下面以招商路演活动为例来说明。

案例

找到你所在省份的有效市场，比如你在四川省，四川省有多少个地级市，多少个县级市，多少个县，你的品牌适合在哪些区域开拓，等等。假如你已经开了15家店，也就是15个加盟商，这15个加盟商分别在哪些城市，还有哪些未开发的市场，然后把未开发的市场选出来。如果还有80个未开发的市场，那么要不要计划一次性地把80个市场全面覆盖，一口气完成全部市场的路演。

企业在进行招商路演时，应该是有计划的，目标是通过这次路演把加盟商队伍扩张到多少，如果要翻一番，假设从15家到30家，新增15家加盟商。那么增加15个加盟商要拜访多少个城市？很显然不应该是拜访15个城市，因为不能保证每一次拜访都能成功，那么可以暂定预留30个城市进行拜访。

如果要拜访30个城市，再计算一下，如果只有5个业务人员的话，那么平均一个人要拜访6个城市。确定了人数，然后就是线路怎么走的问题。依次类推，用分解法确定你整个筹备工作的任务量和时间。一般来说，开这样一个路演，前期筹备工作大约要有一个月以上的时间。

按照以上思路把工作分解后，在业务员冲锋陷阵之前还要经过一个严格的培训，这样业务人员在与客户交流时才能游刃有余。

对业务人员的培训有以下几个要点：

第一，业务员必须对公司和品牌了如指掌。业务员在拜访客户时可以把经常遇到的问题罗列出来，并找到最好的答案，做一本Q/A（问与答）的小册子，所有的业务员都要把小册子的内容熟记在心，并且要进行专业的训练，比如模拟拜访场景，通过角色互换做到对拜访过程的熟练掌握。

第二，业务人员在拜访客户时准备充足的资料，并针对资料内容进行培训。

第三，业务人员有统一的形象，着装要统一，如着西装、领带，另外拜访礼仪的培训，也是非常重要的。

第四，业务人员拜访客户，还要对其进行画地图培训，把拜访客户的过程作为一次市场调研的机会。在拜访客户的过程中，对经过的街道商圈要加以留意，要随时画草图，回去后再按照标准画一张商业黄金地段的商业街地图。要把竞争对手品牌的位置、数量在地图上标示出来。还有这次拜访的几家客户的位置，店面面积，附近的百货商场，在当地做的比较好的几个品牌，百货商场属于什么档次，百货商场里有哪些品牌，等等，都要记下来，标出来，这就完成了一个商圈的市场调研。

通过培训，再加上业务人员的勤奋，能吃苦，以及良好的心理素质等条件，相信会顺利找到自己的目标客户，最终达到我们的目的。

业务人员走访是路演的一种典型方式，企业在路演时可以根据实际情况采取多种并行的方式进行路演信息的发布，从而达到路演信息对目标客户有效传递的效果。

2. 通过广告发布路演信息

通过各种广告媒体将企业的路演信息传播出去，通过电话、传真、信件等方式来收集客户资料，然后进一步沟通交流，引导客户来经销本企业的产品。

这种路演方式主要适应于公司业务人员较少，而又需要快速开发市场的情况；或者企业产品具有一定的知名度，处于市场开发的后期，需要进一步扩大市场，需要寻找有闲置资金的潜在加盟商，而这部分加盟商无法通过业务人员来寻找，只有通过广告的发放来传播路演信息，将这部分潜在的加盟商挖掘出来。

广告路演的费用较高，所以新产品上市不适合投放大量广告来路演。人们在选择投资项目时往往比较谨慎，对于缺乏品牌知名度的新产品缺乏了解，没有兴趣，因此广告路演的效果不明显，往往花费数额不小的广告费，也招不到合适的加盟商，造成资源浪费。广告路演的优点是传播面广，能够找出业务人员无法挖掘到的潜在加盟商。

路演广告比较注重理性诉求，但是在实践中注意到，精巧的创意绝对是不可或缺的。因为只有拥有杀伤力的创意的路演广告，加盟商才可能在第一时间发现你，并产生继续往下看的兴趣。

内容要吸引人是指通过讲事实、摆道理，旁征博引，说明产品的市场潜力、发展前景，更为重要的是代理加盟商利益保证。加盟商只有看得到利益，才会与你共同去开拓市场。如果在一种诱人的市场前景和利益驱使下经营合作就显得劲头十足了。

3. 通过专业营销媒体的文章吸引加盟商

这种形式一般是在专业的营销杂志或行业报纸上发表与该产品相关的专业指导文章，突出本品牌的市场潜力，通过软性的消息告知目标群体经营本产品将能获得的利益点。

文章一般强调的是企业独特的经营理念，品牌的独特卖点及巨大的市场发展空间。阅读专业营销杂志的加盟商都是当地经营时间长、规模实力大、网络全、做得好的加盟商，他们对新的市场理念和营销思路都比较重视，是我们重点寻找的加盟商。

4. 通过行业协会寻找加盟商

行业协会掌握着大量的行业资源，通过与行业协会建立良好的关系，能够在关键时刻了解到最新行业信息，掌握行业的动态走向，发现行业最佳网络资源。如参加展销会、博览会等行业集会，通常这种行业集会能够吸引国内很多有实力的客商和想入行的客商前来，客户可以在集会上发布订货邀请函，将目标客户邀请到商业路演现场。

Chapter 4

第四章
制定可行的商业路演现场活动方案

为了使路演工作万无一失,我们要进行周密的日程安排,把路演活动的每一项活动安排到位,对用时比较长的活动要进行演练;在路演团队内部进行明确分工,使专人负责每个项目,以免在活动中造成混乱的局面。

在邀请人员的问题上,单独设计研讨会活动入场券和门票,与路演邀请函一起赠送给目标客户,对所有收到入场券的客户都要严格进行登记,并留下联系方式以便及时进行电话跟踪回访。在路演活动召开的前半个月,第一轮客户拜访完毕,所有业务人员集中在公司开会,总结第一轮拜访情况,提交初步确定的到会人员名单,并电话跟进所有拜访过的意向客户,强化客户对本次活动的印象。

路演活动开始前3天,所有业务人员必须回公司开会总结,并落实确定最终到会人数。公司将根据所提供的人数安排餐饮和住宿。业务组人员主要是负责与客户的联系确认;会务组人员则忙于确定会场、会场的布置、新产品的设计打样、媒体联络、模特秀的彩排,以及会务的物品如笔记本电脑、投影仪、嘉宾胸花、台花、签名笔的准备。前期工作做得越细,会议的效果越好,所以路演前期的准备工作是十分辛苦的。在各项准备工作就绪之后,就万事俱备、只欠东风了,只等待路演的如期举行了。

第一节 选择恰当的时间

在路演的运筹期,确认了路演开始的时间,并根据路演策划的方案确定了会议的期间,但前期确定的日程只是一个大概的时间,没有会务的时间安排。在这个阶段,要确定具体的会务时间安排,会务组、来宾、主持人的各项工作或活动都依据这个日程安排来做,这样就会使整个路演进程井然有序。

一次大型商业路演的会务日程安排,如表4-1所示。

表4-1 会务日程安排

日期 \ 项目	时间	内容	负责人	地点
7月26日	下午	会议布置(所有资料准备到位)	会务组	北京假日酒店
7月27日	14:00—18:00	签到、安排住宿、领取会务资料	会务组	北京假日酒店一楼大厅
	18:00—20:00	欢迎晚宴	会务组	北京假日酒店宴会厅
7月28日	7:10—8:10	早上叫醒服务、早餐	酒店客户部、会务组	北京假日酒店西餐厅
	8:15—8:45	签到	会务组	北京假日酒店会议厅
	8:45—9:45	①开幕仪式 ②主持人宣布活动开始 ③领导致辞 ④主持人介绍嘉宾(协会嘉宾、领导、媒体) ⑤集团公司销售总监致辞 ⑥宣布公司整体战略、发展目标等 ⑦客户致辞 ⑧介绍产品特色、产品政策等 ⑨客户团队亮相 ⑩颁奖仪式 ⑪主持人宣布获奖加盟商 ⑫对获奖加盟商颁奖 ⑬获奖加盟商访谈分享	会务组	北京假日酒店会议厅

续表

日期\项目	时间	内容	负责人	地点
7月28日	9:45—9:55	①交流休息（投影仪及会务用品调试）②引导嘉宾、领导、媒体进入新闻发布室	会务组	北京假日酒店会议厅
	9:55—10:50	研讨会：主持人介绍培训顾问及培训内容	培训顾问	北京假日酒店会议厅
		新闻发布会：①主持人宣布新闻发布会开始 ②新闻记者提问 ③新闻记者专访（集团总裁、公司总经理、营销总监、客户等领导）	会务组	北京假日酒店新闻厅
	10:50—11:00	交流休息	会务组	北京假日酒店会议厅
	11:00—12:00	"品牌网络的开发与管理"培训课程	培训顾问	
	12:00—12:20	合影留念	会务组	北京假日酒店
	13:30—15:00	"品牌网络的开发与管理"培训课程	培训顾问	北京假日酒店会议厅
	15:00—15:15	交流休息	会务组	
	15:15—16:15	"品牌网络的开发与管理"培训课程	培训顾问	
	16:30—17:30	"品牌网络的开发与管理"研讨沙龙	培训顾问	
	17:30—18:00	交流休息	会务组	

续表

日期	项目 时间	内容	负责人	地点
7月28日	18:00—19:00	晚餐	会务组	北京假日酒店宴会厅
	19:00—20:00	《与您共同成长》晚会： ①主持人宣布晚会开始，并介绍嘉宾 ②模特走秀 ③穿插表演节目（2~3个） ④邀请加盟商代表共同参与 ⑤在节目中穿插小游戏或抽奖活动 ⑥当日培训答题（设一、二、三等奖品，奖品为专业VCD教程和书籍）	会务组	北京假日酒店演出厅
	20:00—24:00	路演谈判	业务组	北京假日酒店1818室
7月29日	8:00—9:00	早餐	会务组	北京假日酒店西餐厅
	9:00—12:00	看样订货、路演谈判	业务组	北京假日酒店会议厅
	12:00—13:00	自助午餐休息	会务组	北京假日酒店西餐厅
	13:30—16:00	确认订量并下订单	业务组	北京假日酒店会议厅
	16:00—20:00	返程安排	会务组	

第二节　人员分组与协调

在大型商业路演上，工作交叉的地方很多。企业都非常重视分工协作的问题。但是当你的路演失误之后，分析总结看到的是具体的操作问题。会议的总指挥在整个路演中的作用至关重要，其重要性就体现在分工的科学把控和过程的查漏补缺上，而不仅是"指挥"。

在会议前期，总指挥是教练员，教大家如何排兵布阵；在会议期间，总指挥就是救火队员，把一个个险情扑灭。在会议的进行中，战术的安排和贯彻落实的程度以及应对变化的反映速度决定了会议的直接结果，所以每一个部门的分工就是一场战术的意图体现。

1. 路演的分工

（1）总决策

一般由企业负责人担任，主要是会议前期的组织、后期服务、总协调和业务的谈判。

（2）统筹

这个岗位是最重要的，是执行总指挥，负责细节的安排和处理，以及会议议程和时间安排、市场业务处理。此岗位责任人要求心态平和，熟悉各个加盟商的情况。其职责范围是，负责会议接待、登记、会议资料的发放，各个住宿房间的安排及会场的整理，各个成员的分组，突发事件的处理和协调，用餐协调，与酒店的事务性安排，与会人员的往返接送，等等。

（3）会务组

负责会场秩序的调节、摄影、摄像、讲课进程的安排、会场现场的业务处理、会场气氛的营造、票务安排、会议各种费用结算、支付等。

（4）业务组

这个组责任最重，组长一般由企业负责人担任，成员是熟悉市场和具有谈判能力的人，负责参会人员的名单整理、分组、就餐安排、合同资料、与会务人员的事务协调、意向加盟商的沟通促进、配合会务组进行业务安排等。

2. 分组的原则

分工和协调次序清晰。首先是分工，完成自己分内的工作任务，其次是配合其他组的需要。有些人自己的工作没有做完，却忙着去做自己分外的工作，结果是既没有耕好别人的"责任田"，也没有种好自己家的"自留地"。应避免这种情况发生。在自己本职工作做完或不忙的情况下应主动配合别的部门工作。

商业路演小组要分工明确，可分为负责人、相关内容、完成期限、成员四项内容，如表4-2所示，企业在路演时可以利用此表对工作进行分工，并根据路演实际情况对内容进行修改，并把相应人员和完成期限填充，即可完成分工实际操作。

各岗位分工固定但所设人员可以穿插调整，做到人人有事做，事事有人做。尽量做到包干到人，科学分配，避免一件事情几次更换工作人员等重复用工现象。注重灵活性，如业务组在没有事情时可协助会务组工作。

表4-2　路演小组分工表

负责人	相关内容	完成期限	成员
总决策	①确定活动时间、地点、所有费用 ②资料设计审核 ③服装秀审核 ④场地布置、员工及嘉宾名卡设计审核 ⑤成功加盟商发言稿审核 ⑥企业文化和发展史或企业介绍内容及幻灯片或VCD审核		

续表

负责人	相关内容	完成期限	成员
统筹	①活动时间确定 ②小组人员分工、路演行程安排联系 ③酒店场地落实、总体费用预算 ④小组成员准备工作进度控制、信息沟通、费用控制 ⑤落实酒店用餐安排、申请费用 ⑥会议现场流程控制、费用分配		
品牌商、业务组（营销策划）	①营销效果（用数字量化）、目标市场锁定 ②针对业务员进行培训沟通，包括公司及品牌介绍、已有网络情况介绍、常见问题的解答、目标城市介绍、路线安排、日程安排、媒体投放计划、人员分配（明确区域、目标人数、责任到人） ③目标客户拜访、业务员拜访汇总 ④确认到会人员 ⑤提供与会人员名单、住宿需求		
业务组（成功加盟商确定邀请）	①成功加盟商的确定 ②成功加盟商销售分析表等演讲材料的准备 ③成功加盟商接待及预演 ④样板店参观通知、现场控制		
品牌商（时装秀）	①模特秀策划及执行，包括解说词、模特邀请、模特造型、音乐、衣服等 ②确定预演时间、所需要灯光、音乐安排		
品牌商、业务组（宣传、邀请资料的设计和制作，企业宣传短片）	①公司网站更新培训信息 ②邀请资料设计、制作、印刷完成 ③培训会现场拓展所需要物料（路演手册、公司画册、意向申请表等）准备 ④硬广告设计制作 ⑤会场的布置设计、制作、完成 ⑥现场工作人员牌、嘉宾胸牌到位 ⑦公司板房的陈列 ⑧旗舰店的陈列 ⑨企业文化和发展史或企业介绍内容及幻灯片或PPT制作		

续表

负责人	相关内容	完成期限	成员
业务组（广告、主持人邀请）	①软、硬性广告方案（预算） ②广告位置购买并将稿件需求通知市场部 ③软性广告撰写、刊登 ④硬性广告刊登 ⑤主持人邀请及落实		
会务组（现场电器管理配合）	①投影、影像设备准备及调试 ②协助拓展部、研发部进行预演及演出灯光音乐操控		
会务组	①落实用餐人数，提供给统筹 ②提供工作人员名单 ③提供到会人员接待（培训师、客户、主持人或成功加盟商）安排 ④收集各成员用车、用餐需求，提供路演期间后勤工作时间表（着装要求、车、餐、报销等）；会议现场签到准备（签到本、纪念品）；现场接待及资料派发（培训师、客户、主持人或成功加盟商）		

第三节　会场布置及会务准备

一个成功的路演离不开精心的会务准备，在做好路演会场的选择、路演住宿就餐安排之后，就当开始进行会务用品的准备。

路演会务用品的准备是一项复杂的工作，需要会务组织者的共同参与，除了企业的会务组外，品牌商的营销部、酒店、顾问公司的工作人员都可为会务提供用品和支持，但参加会务准备的各个方面一定要有具体的分工。

工作人员应提前进驻会场，所有工作人员提前一天到会场熟悉会场环境，了解各自工作岗位，发现问题及时解决。提前预约宾馆进行各种条幅和引导牌的制作，会务组房间尽量安排在电梯口旁边，如果靠里面，那么就应该在显眼的墙壁上贴上一个指示牌。

会议室的布置很关键，必须提前调试音响和投影仪，以免失误发生，营造浓浓的氛围，给成功创造隐形的基础保障。

为了增加会场内的气氛，条幅、海报、招贴是必不可少的。

路演会场要有引导牌，如会场门前空旷处如果允许挂条幅可挂上一条欢迎主题的条幅，进入会场大厅要有登记处，有本次会议的主题导引牌、会务组导引牌、会场至卫生间的引导牌、饮水区导引牌、吸烟区导引牌等，并由酒店专人负责前厅会议接待。引导牌的制作可由酒店方协助，布置由酒店方完成或协助完成。

类似大型喷绘或条幅的布置，事先要考虑好悬挂或粘贴方式，并提前两天布置完成。

路演会议资料宁可多准备也不要出现到时不够用的情况，一般路演会议资料的准备量是确定参会人员的120%。路演会议资料一般包括以下几类：

第一，路演给来宾的资料，包括路演订货手册，路演品牌及产品宣传册，路演联系人名片，礼品，胸卡，住房卡，笔记本，等等。

第二，路演会务组资料，包括来宾登记表，来宾住宿登记表，来宾用餐分组表，贵宾订票登记表，会务组成员通信录。

第三，路演业务组资料，包括来宾登记表，来宾住宿登记表，来宾用餐分组表，会务组成员通信录，路演订货手册，运营手册，VI手册，加盟合同及路演相关资料。

第四，路演常用会议物资，包括电脑、打印机、引用水、饮水机、（一次性）水杯、照相机、摄像机、胶卷、电池、备用插座、便签纸、裁缝刀、胶带纸、双面胶、回形针、大头针、胶水、白板笔、常用药品、值班人员食品等等，会务工作人员以及酒店服务人员应该把会场准备到位,把会场的桌椅摆放好,把会务用品准备好,比如白板、白板笔、板擦、鲜花、纯净水或茶杯等物品。会场准备要特别注意,音像和投影仪的调试,以免第二天匆忙之中耽误了会议进程。

表4-3至表4-7是一次路演会场用到的物品,并对物品的准备做了明确的分工,企业在路演过程中可以根据自己的实际情况准备。

表4-3 酒店大厅物品准备

酒店大厅　　月　　日下午14:00—20:00　　月　　日上午8:00—9:30

分工	会务用品及设备	数量	备注
中研准备	易拉宝		
	横幅		
	彩球、彩条		
	拱门		
	指示牌		
	背景板(研讨会)		
酒店准备	签到牌等卡座		
	桌椅		
	配合会场布置	会场用品、会场布置、花草等,另安排相应服务人员	
备注	路演前一天,____检查会场设备准备情况,请安排相关人员及酒店配合!		

表4-4 培训会场物品准备

培训会场　　月　　日8:00—18:00

分工	会务用品及设备	数量	备注
中研准备	易拉宝		
	横幅		
	彩球、彩条		
	拱门		
	冲咖啡壶杯		
	背景板(研讨会)		

续表

分工	会务用品及设备	数量	备注
中研准备	资料（手册）		
	企业、工作人员胸牌		
	胸花		
	咖啡		
	培训教材		
酒店准备	学员用便签、笔		
	桌牌、桌椅		
	白板、笔（黑3、蓝3、红1）		
	矿泉水		
	花盆及植物		
	立式讲桌		
	音响		
	空调、灯光设备		
	麦克风、微麦、无线麦		
	配合会场布置	会场用品、会场布置、花草等，另安排相应服务人员	
备注	路演前一天，____检查会场设备准备情况，请安排相关人员及酒店配合！

表4-5　贵宾室物品准备

贵宾室　　月　　日　　全天

分工	会务用品及设备	数量	备注
酒店准备	鲜花篮		
	茶水		
	桌椅		
备注	路演前一天，____检查会场设备准备情况，请安排相关人员及酒店配合！

表4-6 新闻发布会场物品准备

新闻发布会场　　　月　　　日上午9：50—11：00

分工	会务用品及设备	数量	备注
中研准备	易拉宝		
	新闻发布资料		
	指示牌		
	背景板（新闻发布会）		
酒店准备	桌牌		
	立式讲桌		
	主席台		
	桌椅		
	音响		
	麦克风、微麦、无线麦		
	茶水		
	配合会场布置	会场用品、会场布置、花草等，另安排相应服务人员	
备注	路演前一天，____检查会场设备准备情况，请安排相关人员及酒店配合！		

表4-7 晚会会场物品准备

晚会会场　　　月　　　日18：00—21：00

分工	会务用品及设备	数量	备注
中研准备	易拉宝		
	背景板（晚会）		
	舞台10m×3m		
	音响		
	麦克风、微麦、无线麦		
	酒杯		
	配合会场布置	会场用品、会场布置、花草等，另安排相应服务人员	
备注	路演前一天，____检查会场设备准备情况，请安排相关人员及酒店配合！		

路演的细节筹备很关键，琐碎而繁杂，逐渐形成一个程序和章法，根据不同的环境进行相应的调整，这个看似不起眼的环节其实是路演成功的铺垫。

第四节　安排好现场活动内容

路演的许多环节都要在会议前进行认真的演练。主持人要试音、熟悉会议流程，企业致辞的演练，团队亮相演练，模特走秀彩排，会场灯光音响要由专人负责，会务各项工作落实到人，等等，一系列的工作都要做好会前的演练。

因为有些人很少参加这样的场合，而这一次由他来做主角，可能会有些紧张或不知所措。在路演中经常会有这样的情况：作为一方代表第一次致辞时，声音特别小，稿子没有读全，中间断断续续且没有节拍。因此，路演前的演练尤其重要。

团队亮相也是路演的一个重要环节，经过演练的团队亮相给人留下可以信赖的印象。如果不演练直接出场，出场的顺序及站位都搞不清楚，现场肯定是一片混乱。经过演练的出场，即使在现场出现一些纰漏，也会因你的训练有素巧妙地加以弥补，给来宾留下更加专业的印象。

某企业精心组织了一场商业路演，企业团队集体亮相很有气势，整整齐齐一排十几个人，着装统一，口号坚定有力，可是到了最后一句关键的结束语时领队却忘了词，一时卡了壳，领队这时及时解释："我们经过了系统的排练，但由于见到大家太激动了，所以……我们再来一遍。"这一次的口号更加有力，博得了来宾热列的掌声。一个小小的插曲，说明了我们活动演练的重要性。

其他的各项工作也是如此，路演一定要经过精心的演练，这样在路演期间各项工作才会有条不紊地进行。

第五节　现场活动的步骤

会务组是路演的大脑和管家，事无巨细，千头万绪，会务组组长一定是一个既了解加盟商又有人生阅历的人，个人素养很关键。

1. 会务的工作流程

确定会场后，会务组成员要熟悉会场环境及会场各部门主管，如客房部、餐饮部、工程部、会议室等，把常用电话做成通信录，主要工作人员人手一份，以备急时需要。

会务组人员确定会务组房间后将会议物资全部放好并进行登记，分类并标注，做到方便查找使用，尤其是重要物品如电脑、打印机、相机、DV等设备的妥善保管，责任落实到人。做好防盗、防潮、防水、防晒等工作，会务组从进驻会场至撤离应24小时有人在岗。

了解会场提供的服务，如接送车辆、叫醒报务、免费早餐、市内免费电话等，并与酒店各部门详细说明如何配合，如接送车辆何时、何地接送客人，叫醒服务的时间、方式、语气，等等。

如来宾需要特殊的服务，如长途电话、播放录像、加餐、用餐时间烟酒等要与前台说明，来宾自己结算，会务组概不负责，如果能形成文字就更好。

会务组除安排日常接待办公房间外，还应安排专门用于与客户沟通的房间，套房要开一间到两间，费用这个时候不能省。

会务组房间内要做到卫生整洁，杜绝工作人员大声喧哗、扎堆聊天、吸烟，除休息和轮休人员外会务组成员不得在床上休息，尤其是注意不能脱鞋以免异味充斥房间。

来宾提出的合理建议或问题在第一时间解决，即使不是自己的业务范围，也不能直接说"你去找××人吧"，支走完事，一定要说"您等一下，我帮您联系一下，看他在哪里，然后您去找他"。如果客户提出的问题超过你的职权范围，解决不了的要如实向上级反映，不能隐瞒不报或越权处理。

掌握所有会议信息及联系方式，备注上注明，通过何种方式得知的消息，和公司哪个人员沟通过。如果知道来宾的情况，那么会后的谈判就是知己知彼，不会发生言语上的冲突。因为即使是一件事情，两个人就有两个说法，一点语气的不同都可能使客户产生不舒服的感觉，为后续工作造成障碍。

如接站车途中遇到塞车，及时向来宾解释，请其等候或自己打车赶往会场。

做好突发事件的心理准备以及应对策略，如来宾之间产生纠纷，有人在会议现场无理取闹，竞争对手参与，等等，应有专门负责人员处置。

2. 登记的工作流程

根据会场环境，制定统一的工作流程。

登记处环境整洁，便于来宾登记，禁止摆放无关物品。

与酒店前台及客房部保持紧密联系，及时了解入住信息，确保客人的入住安排。

提前向前台领取客房钥匙，为来宾省去复杂的登记过程。

一定要收取房间钥匙押金，由我们转向服务台，不是对客人不信任，而是为了方便管理，防患于未然，同时也使客户爱惜客房物品，避免抽烟烫洞等事情发生，没有押金最终公司要承担损失。

来宾到时热情接待，详细询问并指引其亲自填写登记表，字迹填写工整，便于确认。

来宾填写登记表后发放整套资料，给客人说明资料所包含的内容，尤其是嘱咐让其观看"会议日程",不明处查询会务组,并告知会务组的办公处。由专人负责将来宾送入客房,主动帮助来宾提行李,如客房内已有客人要主动做介绍。

提醒客人将贵重物品妥善保管。

客房安排尽量一次到位,避免对来宾进行调房,如有特殊情况必须重新安排的,应向调动双方做好解释工作。

本地的来宾要对其进行指引,告知会务组、会场、卫生间的具体位置。

轮流用餐,确保岗位始终有人,在登记工作较少的情况下可以考虑轮流休息,确保旺盛的工作精力。

3. 接站的工作流程

详细检查接站所用物品:接站牌、"接站人员一览表"等。

接站组成员应详细了解所接对象,并有其移动联系方式。

如出现来宾晚点应耐心等候。在无接站任务时注意自行安排休息,但是要保证随叫随到,不能离会场和车站太远。

接站司机应随时待命,并合理安排行车路线,禁止出现饮酒和脱岗现象。

接到来宾应热情主动地协助其提行李,并将其送上车,如还需等待其他来宾,要向来宾解释说明。

如遇塞车现象应及时向会务组反映情况。

如休息或办理其他事情,将车钥匙统一放在会务组。

若客人要求外出游玩必须请示会务组,得到同意后方可出行。

4. 会场人员的工作流程

与酒店会场服务员充分沟通,做到双方紧密合作。

在会议开始前一天检测会场设备：麦克风、投影仪、电脑、幕布、白板、白板笔、灯光、音响、空调等。

在会议开始前一小时进入会场，再次检测会场设备：麦克风、投影仪、电脑、幕布、白板、白板笔、灯光、音响、空调等。

选择并预留摄像机位，尽量减少人员走动对摄像效果的影响。

引导来宾从前向后坐，如来宾中有熟人，可将其穿插安排在每排中间，帮助我方调节会议气氛，如带头鼓掌，向授课人点头示意，等等。

来宾入席后由会场服务员提供茶水，但是仅仅限于会前和中间休息的时候，中间倒水会影响授课人的情绪，同时客户喝水多了难免要进进出出，会扰乱会场秩序。

在授课期间，如有来宾交头接耳或接打电话，可递上纸条，请其注意会场秩序，如有来宾打盹，可为其提供风油精或清凉油提神。

为保证授课人的思路不受干扰，授课期间会场内除摄像人员可以来回走动外，其他人员尽量减少走动。

注意各个来宾的神态和听课的认真程度，这些对后期谈判都起到很好的作用。

5. 后勤人员的工作流程

做好各项开支的费用预算，协助购买并保管所需物资，保障有力。

提前与订票公司联系，并了解始发车次及航班次，争取为来宾提供经济快捷的返程线路。

和会务组进行沟通，提前取得各个客人返程的时间和要求，集中购票，以免耽误时间。

后勤人员也是机动人员，随时听从会务组长的安排。

6. 业务组的工作流程

在会务组提供到会人员名单后，在第一时间内将名单进行分组。分组原则是将彼此熟悉甚至是关系密切的来宾分在一起，并在每桌安排一个我方工作人员，对其意向或是身份不明的来宾，可在其旁边安排和我方关系密切的来宾或朋友去调查其动机和促进。

了解来宾的住宿房间位置，对目标客户进行初步的交流、探访。

准备VI手册、运营手册，各种合同资料的准备。

会前将有意向来宾的情况进行充分了解，如果有可能最好事先沟通。

沟通时要把握"探其所需，供其所求"的原则，先倾听，后判断，再行动。

对准备签约的来宾先重点突破，促进其发挥带头作用。

谈判时可利用"销售紧迫感"对来宾开展心理暗示。

7. 主持人的工作流程

主持人必须提前熟悉会场、会议主题、内容等。

会前先宣布会议程序和会议须知，并公布注意事项。

拟定授课人的经历与职务简介，当授课人上台前进行介绍。

授课后用简单的总结发动来宾为授讲者鼓掌。

事先准备好活跃课间气氛的话题、活动。

主持人的煽动性和会议的气氛息息相关。

第六节　路演全程操作实案

吸引客户是路演工作成功的第一步，在他们来参加你的路演活动之后如何引导其进一步了解企业、产品、品牌，进而加盟，这才是关键。

怎样接待客户在整个环节中尤为重要，工作人员对待接待问题一定不要马虎。要保持路演现场的秩序井然，首先工作人员必须具有掌控现场的能力，提前做好安排，严格控制各个环节。

路演会场所在酒店的布置，从一进酒店大门的横幅、彩带、气球，到酒店内部一系列视觉上的装饰，一定要到位。来宾进入路演会议现场感受到的氛围是和谐、大气。这些硬件处理完毕之后，接下来就是路演整个活动的过程控制，过程控制更要讲究。

路演活动的安排要紧凑，建议整个路演活动安排在一天的时间内；路演的主持人建议请当地比较有名气的，或节目主持人来主持这次路演。为了节省费用，你可以安排上午的活动由主持人来主持，下午的会议可由专业的顾问公司来解决，最重要的是上午的会议和时装秀由专业的主持人来主持效果会有很大的不同，更能调动客户的情绪。

中研顾问曾经参加过一个品牌公司的路演。路演请到了央视的一位著名的主持人。以前路演的这种场面都是顾问公司唱主角，而这次不同。这位主持人一到，会场下面一下子轰动了，因为客户觉得这是中央电视台的名角，能请到这样的主持人说明公司很有实力。企业在路演的时候并不一定请多么有名气的主持人，但这个时候请一个专业的主持人是非常重要的，因为主持人在整个路演活动中承上启下，可以保证整个活动顺畅进行，更因其专业的魅力，为整个路演活动添彩。

主持人确定之后，就要安排整个路演活动的进程。路演的第一天上午的开幕活动，基本上控制在1个半小时到2个小时，要简洁有力。在会议上，一般要由企业营销总监或企业其他领导人介绍企业情况、产盘特色、推广策略等，帮助加盟商进一步了解企业。企业团队的集体亮相，以显示代理公司运作的实力。对有突出贡献的老加盟商进行颁奖，或请老加盟商将自己的亲身经历、对产品的期望和信心介绍给其他来宾，以现身说法来打动目标客户。之后便是培训课程的开始，培训课程一方面是给加盟商传授经营管理知识，另一方面更主要的是给加盟商介绍路演的加盟政策，坚定目标客户加盟的决心。由于整个会议的议程比较多，对会议现场的管理要求就比较高，需要主持人和会务组工作人员的默契配合。以服装公司路演为例。

1. 会议入场准备

在路演正式开始前的半个小时，会场的布置工作就应该准备完毕。再次检查灯光、音响、投影仪、话筒、笔记本电脑等物品，并调试到位。一切就绪后，开始播放品牌公司企业文化和发展史，或是企业宣传内容的幻灯片或VCD，要循环播放，一是让来宾感受到公司的实力，也使早到的来宾不觉得等待的乏味。

来宾入场可以随意就座，也可以区分新老加盟商分别就座。可以在来宾登记时区分加盟商的类别，并给他们分发不同颜色的胸牌，这样，在引导他们进入会场的时候就可以给他们安排不同的位置。可以把重点目标客户安排在前排，以显示出对他们的重视，增强他们的信心。

会议临近开始，由会务人员要求所有在场人员手机关机或切换至静音震动，会议期间禁止所有人员随意走动、大声喧哗。千万不要小看这两点纪律，试想一下：会议期间，当演讲人介绍企业今年的运作思路时，会场下面不停地有人走动，接听电话，大声说笑，干扰了会场气氛，很可能造成许多加盟商中途退场，因此会议管理一定要到位，引导加盟商思路，营造好气氛，此为重中之重。在会议的进行中，如果会场有人喧哗或大声接听电话，主持人应用幽默的话提醒他，既不让来宾觉得尴尬，又提示了其他来宾自觉遵守纪律。

会议一般情况下应准时开始，如果来宾还没有到齐或重要嘉宾没有到场，需要等待少许时间，应及时通知与会来宾，避免给来宾留下不守时、不守信的印象。这时我们要采取措施，督促未到现场来宾入场；另外，要在会场循环播放品牌公司宣传片，一来使客户加深印象，二来是营造一个良好的现场氛围，不使现场的等待显得枯燥乏味。

2. 企业总经理或营销总监致辞

路演正式开始后，主持人先做一个简要的介绍，把公司情况、公司近期的主要举动、会议的主要流程介绍给来宾，然后正式进入会议的第一项内容。首先，由品牌公司营销总监代表公司致辞，介绍公司的未来发展方向，今年有哪些新的政策或有哪些大的行动，还可以宣布一些细节，比如今年在媒体投放了多少广告，请了哪位明星做形象代言人，对加盟商有什么样的支持，等等，各种利好信息。因为参加路演的既有老加盟商又有新的加盟商，通过这个路演活动，一方面要给老加盟商带来士气，另一方面要吸引更多的新加盟商。

3. 目标客户发言及团队亮相

会议的第二项内容，要推出当地的省级客户，也就是如果你是当地的省级客户，在路演上一定要把你托出来，这时候你一定要发言，因为整个省的加盟商都是由你来操纵管辖的，你要表达今年的计划和想法，你有些什么样的计划能推动整个省的市场拓展，向大家做一个全面的介绍。这时候建议你的员工着装统一，一起上台亮相，这是非常重要的。作为带头人，你可以这样开场："为了更好地服务大家，我们已经开始公司化运作，现在我们公司已经有22位同事，分别有销售部、物流部、财务部。首先有请我们销售部的同事跟大家见面。"

销售部的同事上来跟大家见面，主持人要不失时机地对部门人员进行采访，以活跃现场气氛，也有助于客户对企业团队的了解。然后，有请物流中心的同事，财务的同事……，一排排的人员上来，这种气势表现出代理公司的专业化。如果你的人员没有那么多，你可以让全体人员一起登台亮相。这不仅能提高老加盟商的威望,给新加盟商的加入也增添了信心。简短的亮相之后,非常重要的是有一个员工代表发言,或主持人的现场发挥。

4. 加盟商颁奖仪式

路演第三个重要环节是颁奖仪式,一般来说,一年一度的路演,应该对优秀的加盟商给予表彰,对金牌店长给予表彰。让获奖嘉宾上台领奖,并让嘉宾代表发言,现场气氛热烈,这是一个正面积极的活动安排。颁奖仪式对老加盟商是一种鼓励,对新加盟商也是一种鞭策,同时通过获奖加盟商的经验分享,会给更多的加盟商带来信心。

颁奖活动结束之后,特别关注的一个环节,就是选择2～3位优秀的、有代表性的种子加盟商选手,上台来分享他的成长经历。这项活动需要提前布置,给发言者充分的准备,最好不要照本宣科,自然地、朴素地把自己的故事真实地讲述出来。

榜样的力量是巨大的。中研国际主持召开的一次路演,安排了一位加盟商发言,这位加盟商非常激动,他从来没有上过台讲过话,话说得结结巴巴:"其实也简单,三年前一个偶然的机会,我认识了这个牌子,觉得这牌子还不错,于是我加盟了这个品牌。三年前我开了一个48平米的小店,一年下来赚了不少钱,于是我更有信心了,第二年我开了个108平米的店,现在我开了180平米的大店,一年的营业额是100多万,总而言之,房子也买了,车子也买了,我非常感谢……"台下的人听得目瞪口呆。这就是榜样的力量。在招募加盟商的时候,一定要善于运用榜样的力量。

接下来要做的一件非常有意义的工作,就是让你的销售部经理把前面发言的几位加盟商这些年来经营的数据做成投影文件,以及事先拍好的这些加盟商店铺的照片,和大家分享。最后是你的总结发言。

数字是最有说服力的，真实的东西最有力量。这个时候，相信会场的气氛已经非常热烈，更多的加盟商被吸引。

上午的活动可以到这里结束。如果你前面的会议内容安排得没有那么多，不足以占满上午的时间，接下来的时间就可以进入下一个阶段。

5. 现场研讨会培训

下午正式进入研讨会的阶段。在研讨培训正式开始之前，用投影仪打出培训、顾问公司的宣传片，对顾问公司和培训公司做宣传介绍。宣传片要突出顾问公司的实力，以及这个顾问公司曾经辅导的企业和加盟商取得的业绩。给来宾留下第一个印象：这个品牌请了这样的公司、这样的顾问来做辅导，前景一定会很好。

这时候人们已经按捺不住内心的激动，迫不及待地要听一听培训顾问品牌运作和店铺运营的高见。为什么他们会做得这么好？为什么这些加盟商会做得这么优秀？来宾会越听越激动，他没想到做服装生意原来还有这么多讲究，没想到货柜左右移动20厘米能影响到他的生意，没想到他做了十年的服装从来没有参加过这样的研讨会，也没有研究过这么细的问题……，这个时候他对你代理的品牌更加感兴趣，他会认为这个品牌商太棒了，他会认为做这个品牌不但可以赢利，最重要的是还可以学到一套真正的店铺运营的经验。

路演每次举办研讨会的活动，培训课结束后都有很多新加盟商来问："什么时候还能听到这样的课题？从哪里还能参加这样的培训？"这时你可以引导他们："您要问问品牌的营销总监，或者企业的销售经理，他们有具体的安排……"这意味着一批新加盟商将加入你的企业。

6. 模特走秀

培训课程结束后，到了晚餐的时间。利用来宾就餐的时间，在旁边的另外一个会场，或者现场迅速调整，等大家就餐回来，会场出现一个T型舞台秀场，要表演一场时装秀。因为一切说得再好，不如把你的产品展示出来。产品是品牌的根本，一定要让大家看到产品，看到实实在在的产品。所以路演策划要虚实结合，可以营造热烈的气氛，但加盟商经验的分享、产品的展示，一定是实实在在的，不允许编造。

这时候产品要展示出来，这一季产品上来是什么样的货品，注意路演的时装秀与订货的时装秀是有区别的。对于订货会的时装秀，第一建议不要用专业模特，第二也不用搭T型台，让来宾近距离感知。路演的时装秀则不同，第一要用专业模特，第二灯光舞台设备要专业，整个过程要精心地策划，半个小时的时间把你的精华产品展现出来。

这时候需要的是一种气氛，一种感觉，因为许多客户是第一次认识你的品牌，你要把最感人的部分完美地展现出来。要订货的加盟商，第二天可以到展会、到卖场实实在在地订货。一场时装秀，人们的激情再次被点燃。一场路演活动安排得有起有伏，每一段落紧凑自然。如果你把所有的环节全部做到位了，接下来等待你的将是无数的加盟商约你谈合作的意向。

7. 合作洽谈

许多客户在来之前抱着怀疑的态度，来到路演现场一开始就被场面吸引，听完公司的介绍和政策支持，老加盟商的经验分享，培训课的精彩演说，以及感受时装秀的真实场面，此时的来宾已经完全信服你的产品。

这个时候提醒你的业务人员注意跟进他们管辖区域的客人，观察来宾的反应，特别注意业务人员跟客户之间的沟通。还有一点特别重要的是，此次路演一定要请当地3~5个优秀的加盟商来听，这会让他们之间形成竞争。

还有一个问题，一年下来你会发现有一批老的加盟商总是跟不上步调，对于这样的加盟商，在这个时候就需要给他一点小小的促动，比如，同在一个城市，在路演前你只选择3～5位优秀的加盟商，邀请他们来参加这次路演，而并不邀请原来的这位加盟商，他会非常紧张，因为他知道你请的这些人都比他厉害。如果这位加盟商就此能改变，能跟上部队一起走，就继续给他一个机会，如果跟不上，就把他淘汰出局。

要知道你是在做经营，而不是在做慈善机构，因此必须选择一批优秀的加盟商跟你一起走，一起成长。你可以照顾兄弟感情，但是你要知道如果长期下去，这样你的队伍竞争能力就会越来越弱。

8. 路演订货阶段

在商业路演上展示的产品款式和数量要远远大于实际上的款式和数量，这样做的目的是得到更多的商品提示，通过客户的反馈及时收集市场信息，让产品研发部门掌握各区域性消费差异，为未来开发做相应调整。要想取得良好的订单业绩，一般遵循"看、谈、订"这样一个循环过程。

"看"，即安排客户先走马观花看一遍货品样板，让其对货品有一个初步印象，整体感觉，从而得知客户对货品的满意程度。

"谈"，即根据客户对货品的整体感觉，结合客户所在市场的实际情况，有针对性地与客户沟通订货数量。事先计算单店铺货所需货量。我们可以从竞争对手的铺货情况、自身货品结构、正常周转库存三方面得出单点铺货所需货量，分别对单个标准专卖店、商场专柜、综合店做合理分析，从而得出每种形式店铺的标准货量。

"订"，即根据之前和客户谈的情况，判断客户订货数量意向，选择2～3个客户作为订货现场的领头羊客户。领头羊客户的标准：一是有影响力的重点客户，二是此前经营类似产品的专业客户，三是愿意配合的客户。领头羊客户的作用在于：带头上量订货，引导其他客户订货，烘托现场订货气氛。

Chapter 5

第五章

路演：最具感召力的商业演讲

项目路演融资就是企业代表在讲台上向台下众多的投资方讲解自己的企业产品、发展规划、融资计划。项目路演分为线上项目路演和线下项目路演。线上项目路演主要是通过QQ群，微信群，或者在线视频等互联网方式对项目进行讲解；线下项目路演主要通过活动专场对投资人进行面对面的演讲以及交流。

第一节　路演准备：一场精湛绝伦的商业演讲

商业路演要想取得良好的效果，演讲者需要具备两种能力：推销能力和行销能力。为什么需要推销能力呢？在商业路演中，你讲的每一句话、你讲的每一个故事，都需要销售的技巧，才能将它们深深刻在客户的脑海里。

如何把思想放进别人脑袋里，把别人的钱放在你的口袋里呢？要用问答的形式，要学会一步一步地引导客户回答你：Yes，Yes，Yes。所以商务演讲最重要的一个技巧就是多问问。因为你讲的，客户不一定相信你，但相信他们自己讲的话，所以你想要客户相信你讲的话，就必须要常常提问。

通过发问的形式，把你要讲述的内容传递给客户，让客户用肯定的方式来回答你，这就是推销能力。无论你上台演讲是为了推销产品、招纳人才，还是为了招商引资，你都需要具备这种提问的能力，具备了这种能力你才能最终达到你的目的。

商业演讲必须具备的另一种能力是行销。什么是行销呢？行销就是了解客户的需求，吸引客户的兴趣。懂得行销的人，他知道市场需要什么，因此，他可以针对客户的需求来提炼产品的卖点，来写产品介绍，来对产品进行包装。这样自然能吸引客户主动上门购买。

为什么演讲家需要会行销呢？

因为如果你不了解听众需要什么，你准备的内容可能是错误的；如果你不了解听众有什么问题，即使你在台上讲得唾液横飞，也不能帮助他们真正地解决问题；如果你不了解如何去引导听众，如何让他们对你所讲的内容产生兴趣，而你演讲起来也会很吃力。所以，你要根据听众的需求和兴趣来设计演讲稿，同时还要根据不同的场合、不同的团体、不同的听众来调整演讲的内容。

第二节　做好商业路演的临场准备

想要做一场完美的商业演讲，你就要对整个过程做充分的准备，从开头到结束，一个环节都不能少。怎么去准备呢？你只要在心里问自己六个问题，并一一做到，那么你这次商业演讲的准备就是充分的。

第一，演讲完，我要得到的结果是什么。

商业演讲要带有目的性，你讲的每一句话、每一个故事都要围绕自己的结果设计，甚至每一个笑容、每一个提问都是经过策划的。这种围绕结果来设计演讲内容的模式，可以让你达成目标。

商业演讲的目的可以因人而异，但一定要有明确的目标。不然，你站在台上做什么呢？难道让听众听你漫无目的地发牢骚？

第二，听众要的结果是什么。

你不能只知道自己要什么。当你知道自己要什么的时候，下一步就是忘掉你要什么，而去想别人要什么。当你不断地给予听众解决问题的方法，给他们更多利益和好处，帮助他们实现美好的愿望的时候，他们会不断地给你回报。如此你就可以更容易地得到你要的结果。

第三，你的底线是什么。

商业演讲结束后，每个人都希望得到最好的结果，但是最好的结果并不那么容易得到，那么最差的结果你想过没有？

在你心中要设定你要的结果，如果得不到最好的结果，那么就要退而求其次，退到底线，即你至少要得到什么。当你知道这一点，你演讲的时候会更容易得到你要的结果，最差也就是你设定的底线。这样，你才不容易掉入悲观失败的情绪，也不容易空手而归。

第四，你可能会遇到什么阻碍和抗拒。

听众不采取行动是因为内心的抗拒还没有被你解决，也就是听众还有问题是你还没有回答完毕的。你有没有发现，当你要求和你合作多年的朋友试销你的新产品时，他们是不是很容易就付钱给你呢？但是对陌生人为什么不容易呢？因为他们内心有种种抗拒，所以商业演讲就是解决公众抗拒的过程。

第五，要通过哪些活动来解除这些抗拒。

如果你的演讲只能赢得掌声，而不能获取听众用钱来投票，那是很糟糕的事。演讲完，你要把听众内心最大的问题解决掉，他们就不会有抗拒了。

所以，你在设计演讲稿的时候要涉及多方面的内容，理论、观念、游戏，把听众不买你的产品、不接受你的意见的主要抗拒全部解决了，这样你的演讲完成自然会成交。

第六，演讲完你要如何成交。

演讲完，怎样让听众签单，要怎么才能让听众掏钱，紧接着你要开一个订货会，展示你的产品，引导客户进入你的签单流程。

第三节　规划一场成功的商业路演

不成功的路演常会出现如下几个问题：

第一，所邀参会客户的识别调查信息跟踪、会前沟通未到位，对所来的人数、质量、类别、分布、心态及所关心的问题和疑虑心中无数。

第二，会议的内容结构、流程设计不合理，演讲者的综合素质不够。有关公司的产品、营销模式、政策的介绍缺乏策划及针对性，索然无味，未能激发客户浓烈的兴趣。会议开完，客户的疑虑不仅没有消除反而顾虑增加。

第三，对客户的顾虑、疑问准备不足，常被客户问得卡壳，或不能自圆其说。

第四，缺乏对路演会议整体组织的驾驭能力，对参会人员不能正确地管理引导，反而被一些别有目的的客户操纵了会场气氛，造成会议整体被动局面。

如果出现了以上几种情况，路演效果就可想而知了，即使前面的工作做得再周密，路演结果都是很难乐观了。有些路演，成功地邀请到一定数量且优质的来宾，但只因会议组织得太过粗糙，演讲人员不专业，结果均不理想。

那么如何组织一场成功的路演活动呢？路演的关键是要深刻理解客户的心理状态和利益点，从而使会议的内容、程序及组织有针对性。一般的客户只要来参会，都会抱着抓住机会、赢得利益的心理。

能够激发客户兴趣的是以下四个方面：一是产品是否有前景，对消费者是否有吸引力；二是是否有足够的利润空间；三是推广支持是否周密可行，支持力度是否足够大，能否到位；企业是否有实力、信誉，承诺能否兑现。

路演活动的直接目的应使参加路演的客户达到五个信任。

1. 信企业

使客户了解、确信企业是有实力、有能力、讲信誉的，是有战略、有远见的。如何让客户信任我们的企业，只靠企业讲说是远远不够的。要有说服力的路演工具，如企业所获得的荣誉，媒体对于企业的报道，等等。另外，企业要做好长远的规划，描绘出企业的前景，树立一个长久发展的企业形象。让客户感觉这是一个很有发展潜力的企业，与这样的企业合作，是有前途的。

2. 信产品

产品的卖点独特、定位准确、质量可靠，是有市场前景的产品。

3. 信模式

企业的营销模式先进而又有实效，管理规范，可操作性强。企业在路演过程中，仅靠一则路演广告和业务人员的游说是远远不够的，我们要让客户看到实际的东西。比如企业招商路演活动，为了打通代理商，这就需要企业要么有切实可行的方案，要么建立样板店，严格管理，从店面的建设到导购员的培训都必须要做到规范化，要使样板店成为形象店；同时为客户建立一种模式，这种模式简单、易操作，只要客户照这种模式运作，就可以有一个很好的收益。通常，客户所担心的不是投资额太高，而是进货以后如何才能销售出去。经销模式可以让客户感觉到，企业不是让客户自己去销售，而是企业在帮他们一起进行销售，让客户消除后顾之忧。

4. 信利润

有盈利，利润空间大。在路演过程中还应该让已经合作的优秀客户现身说法，讲述自己与企业合作的经历和经营的业绩，用具体的数字来说明产品给自己带来的利益。事实胜于雄辩，通过现有客户的讲解，可以打消客户对产品的疑虑，别人做着行，那么自己做也一定行。

5. 信合同

合同严密，责权利明确，有绝对的约束性和保障性，不会签而无效。

路演活动达到了"五信"，那么路演工作的总目标即签约合作就进入了坦途。总而言之，路演要有针对性，要讲究方法，不能梦想着一网打尽满河鱼。选择适合自己的客户，诚心诚意地去合作，只有这样才能实现良性的循环，保证后期工作能够有序进行。企业无论采取什么样的手段，路演的最终目的不在于圈钱，而是要服务于产品的销售。

第四节　商业路演的六大技巧

成功的商业路演，需要掌握六大技巧。

1. 善于运用肢体语言

马云一直给人一种"疯狂"的印象，不过，他的"疯"不是自己疯，而是能让所有人疯狂。在美国麻省理工学院，他可以挥舞着双手，滔滔不绝地讲着属于自己的互联网B2B业务；在哈佛大学的讲台上，他可以与诺基亚总裁激烈地辩论，最终博得台下无数听众的掌声；在达沃斯世界经济论坛上，马云仍然敢疯狂地做出各种各样的手势，让别人感受到他的激情。

马云在演讲时的身体语言很有特点，他经常会握紧拳头，收紧两腮表示对自己的信心。他犀利的眼神、笃定的语气也总是在向听众传达"我可以"这样一种信息。这些丰富的肢体语言，让他的演讲充满了说服力，从而总是能让台下的听众都被吸引到演讲中来。

马云这些丰富的肢体动作，已经成了他固定的媒体形象，代表着信任，代表着能量。最重要的是，通过这些丰富的身体语言，马云在演讲时可以形成强大的具有吸引力的气场，感染台下的听众，激发他们深埋内心深处的激情和勇气。

马云最常用的身体动作就是把两手摊开，据说这代表着只要你相信，只要你努力，你就能拥有这个世界；而当他把一根手指头放在嘴前，睁大惊奇的双眼时，这代表着只要你肯做，结果连你自己都会被吓到。

正是这些丰富、有趣、略带夸张的肢体动作，让马云的演讲变得生动活泼，听众听起来也兴趣盎然。

许多人不了解当我们在谈话或演讲时肢体语言的重要性，其实，研究发现，人们在交流过程中，有55%的信息是通过像身体语言、眼神接触等视觉信号来传达的，35%则是通过声音来传达的，只有7%的信息是通过所说的话传达的。由此可见，无论是一对一沟通还是面对一群人演讲，肢体动作都起着关键性的作用。

肢体动作其实是除语言之外的第二种沟通方式。它可以通过视觉传达，投射到对方的大脑里，然后对方的大脑会散发出与这个动作相似的气场。相同的气场可以产生一定的吸引力，这样，你就可以借助肢体动作引起听者的共鸣，最终让对方接受你的观点。

世界上著名的演讲大师，都是擅长利用肢体动作的高手。除了马云，像苹果公司的创始人乔布斯，在演讲时也总是能把丰富的肢体语言表现得淋漓尽致。看过乔布斯演讲的人都知道，他在演讲时喜欢用"开放式"的姿势，通过双手的任意挥动来表达自己的想法。当他站在舞台上的时候，他的每一句话几乎都会用肢体动作来强调，结果，在听众的眼里，他浑身都会透露出信心、权威和能量，他形成的气场会像漩涡一样有吸引力。

无论是在台上演讲还是日常沟通交流，只要想增加自己的说话魅力，我们就必须明白，身体语言是非语言沟通的有效方式。在与人进行沟通交流时，我们即便是不说话，我们的面部表情、手势动作、身体姿势等，同样会传达出我们想要表达的信息；而那些听我们讲话的人，同样也会通过我们的身体语言来探索我们的内心秘密，以及我们的真实想法。我们可以在语言上伪装自己，但身体语言经常会"出卖"我们。所以，了解身体语言，学会一些基本的肢体动作，对我们的说话或演讲，都非常有帮助。

不过，我们也要知道，不同的肢体动作，在不同的国家会代表着不同的含义。比如向上伸大拇指，中国人会把它看作是"好"的意思，但在日本，这一手势会代表"男人""你的父亲"等含义；在韩国，它则表示"首级""父亲""部长"或"队长"；在美国、墨西哥等国家，它则表示"祈祷、幸运"的意思；在澳大利亚，竖大拇指则是一个粗野的动作。

再以代表胜利的"V"型手势为例。据说，该手势是二次世界大战由一位名叫维克多·德拉维利的比利时人发明的。他在1940年年底的一次广播讲话中，号召同胞们奋起抵抗德国侵略军，并动员人们到处写"V"字，以表示胜利的信心。从此"V"字手势不胫而走，尤其是当时英国首相丘吉尔在一次游行检阅中使用了这一"V"形手势，使这个手势迅速地广泛地流传开来。不过，做这一手势时务必记住把手心朝外、手指朝内，在英国尤其要注意这点，因为在欧洲大多数国家，做手背朝外、手心朝内的"V"形手势是表示让人"走开",在英国则指伤风败俗的事。在中国,"V"形手势表示数目"2""第二"或"剪刀"。在非洲国家,"V"形手势一般表示两件事或两个东西。

　　演讲时的一些肢体动作和日常生活中与人交流时的一些肢体动作稍有不同。比如,在演讲时,由于讲话者与听众的空间距离比较大,视野广阔,所以必须持续不断地将目光投向听众,或平视,或扫视,或点视,或虚视,这样才能跟听众建立持续不断的联系,以期收到更好的效果。但在一对一的与人交谈时,我们却必须要同别人进行目光接触,既展示自己的礼貌,又让对方感觉到你的注意力在他身上。

　　马云曾经谈到克林顿之所以特别有魅力,其中一个关键的原因就是眼睛的妙用,他说:"大家知道克林顿可能是世界上最有魅力最有才华的一个总统,我们第一次见的时候是在一个早餐会上,我就觉得不要说是女性喜欢他,就是我们男性也喜欢他,非常有魅力。别人觉得总统就是高高在上讲话很深奥的样子,每个人都想,谁让他是总统呢,讲话一般老百姓都听不懂的。他的讲话让你感觉到特别亲切,他跟你聊天的时候他的眼睛是看着你的眼睛,这个时候你会感觉在他的眼里你是全世界最重要的人,这就是魅力所在。"

　　显然,马云虽然谈的是克林顿,但实际上他自己也在采用这种聊天时的肢体语言技巧。有心的读者,可以去留意一下马云在跟人聊天时的这种肢体动作。

　　总体来说,肢体动作在说话过程中具有特殊的表达功能。但是,它毕竟只是完成表达任务的手段,而不是说话所追求的最终目标。对于想要练好口才的人来说,肢体动作并没有独立价值,而只具有辅助价值,在谈话中处于从属地位。所以,我们不能学会了肢体动作这种形势却忘记了说话这个根本,像某些被"成功学"迷惑的人一样,一说话就是横扫天下、唯我独尊的姿势,说出来的话却磕磕巴巴,既不流畅,又没有

"含金量",让人一看就是外强中干的"忽悠",或者是无知者无畏的"傻冒"。

2. 演讲时要用短句

林语堂有句名言:"演讲要像女人的迷你裙,越短越好。"这句话的意思是说,演讲不需要长篇大论,如果能在最短的时间内,用最少的语言把你想要传达的意思说清楚,那么你的演讲会更受听众欢迎。

事实上,这句话对于商业演讲语言同样适用。我们在演讲中如果能够多用短句而不是长句,那么我们的演讲表达就会简洁明快,不但自己说得轻松,听众也听得轻松。

通常来说,那些在演讲之前不喜欢写演讲稿,主要靠临时发挥的人,更容易用短句子,因为这是口语本身固有的特点之一。反而是那些习惯在演讲之前写演讲稿的人,他们如果不清楚口语和书面语之间的区别,就很容易准备出一些很长、转折词特别多的语句。这样的语句,读起来也许特别华丽,逻辑性也很强,但一旦换成口语说出来,可能就没有那种效果了,甚至会因为句子特别长而让听众记不住。

其实,无论是备稿演讲还是即兴演讲,最后都是要通过说话来表现,而声音转瞬即逝的特点,决定了演讲的语言不能太烦琐、太复杂,因为在演讲中,听众根本没有时间反复推敲和仔细琢磨。因此,对演讲者来说,多用长句很容易让听众顾此失彼,即便听众勉强能理解你说的话,他们也不可避免地会出现疲于追赶的紧张感。时间久了,听众就会产生厌倦和疲惫的心理,演讲的效果就会大大地降低。

看看马云下面这段演讲内容的特点:

"伟大和不伟大之间的区别是什么?一个伟大的人,对每个人来讲最痛苦的时候,大家都要死的时候,他再往前挺一步,人家倒下去,他还站在那儿。大部分人说这么富，我这么有钱了，转弯了，只有这个人说我还往前挺一步，往前挺一步的那个人就是伟大的人。"

不难发现，马云的这段演讲内容，从语言的逻辑性上来讲是不够准确的，甚至缺少一种意思的连贯性。但是，当这段话变为口语说出来的时候，它就会变得简单易懂，很容易被人记住。原因就在于马云在演讲时用的全是短句，而且不用什么转折词，这正符合了人们用耳朵听的习惯。假如我们用下面这种长句子来演讲上面这段话，听起来的效果可能就会大打折扣：

"伟大和不伟大之间的区别是什么？区别是，对每个人来讲最痛苦的时候，大家都痛苦得要死的时候，有人还能再往前挺一步，当人家倒下去的时候他还站在那儿，这个人就是伟大的人。有的人觉得自己非常有钱，非常富有，于是就不思进取了，这个时候如果有人说我还要再往前挺一步，那么往前挺一步的人就是伟大的人。"

显然，演讲时的语言风格是一种跳跃性的，它会删掉一些不必要的转折词，但当换成书面文字时，我们必须加上这些转折词，以保证语句的严谨性。

许多不经常写文章，却需要经常做报告的人会发现，如果让自己去讲一件事情，可能会讲得很清楚，可要是把它写清楚，却很难，而且往往会越写越乱，越写越糊涂。这其中的关键，就是因为讲的时候我们的语言是跳跃性的，可以不用考虑上句话与下句话之间的逻辑性和严谨性，许多时候甚至可以颠倒语句的位置，只要意思表达出来就可以。写的时候却不然，我们必须考虑句子与句子之间的意思连贯性，必须使用大量的转折词把前后句之间的意思连贯起来。尤为重要的是，为了把一件事情说得条理清晰，我们必须考虑句子与句子之间的逻辑顺序，甚至需要做各种各样的铺垫和解释，以保证自己写出来的文章意思清晰，逻辑严谨。

下面这两段意思一样，语句不一样的演讲，可以让我们更清晰地看出用短句和用长句的区别：

"我内心很不平静地站在这个特殊的讲台上进行演讲，虽然我工作九年来并没有干出过什么轰轰烈烈的事情，但是我可以自豪地、问心无愧地说我爱护自己的每一个学生并为他们的成长倾注了感情。都说人的一生中能遇上几位好老师是莫大的幸福，我希望我的学生因为遇到我受到我的教育而倍感幸福。"

"站在今晚这个特殊的演讲台上，我的内心很不平静。参加工作九年来，虽然我没有干出过什么轰轰烈烈的事来，但是我可以自豪地、问心无愧地说，我一直用心关爱着每一位学生，用心关注着学生的成长。有人说，人的一生中能遇上几位好老师是莫大的幸福，我希望我的学生幸福。"

把这两段话都朗诵一遍，你会明显地发现第二段要比第一段听起来更顺畅。为什么相同的演讲内容会给人不同的感觉呢？最主要的原因在于前者主要用复杂的长句，而后者多用短句。

其实，中国的语言本来就是以短句为主，后来是受了欧美语言的影响，那种主谓宾定状补俱全的长句子才多了起来，但也仅限于书面语，口语我们还是习惯以短句为主。那些较为复杂的意思，一句话说不完的，我们还是宁肯再加第二句、第三句，也不搞那种主谓宾定状补俱全的复杂单句。

采用短句演讲，有几个好处。首先，它可以让表达更明确，听众听起来也非常轻松，不需要努力辨听就能轻而易举理解演讲的内容。其次，短句句式多，可以采用排比、对偶、顶针、回环等修辞手段化散为整，将短句整合成整句，这样便会让表达更紧凑有力，严密集中。

3. 多用定义，少用推理

"实力"怎么解释？

马云说："实力就是抗击打能力，你怎么打我我都不倒，明天又来了。"

"实力"的另一种解释是这个样子的：物质本身所具有的一切存在就称作物质的实力或能力，物质基本粒子的多少称作物质实力的量，物质的运动方向就是实力的作用方向。自然都是物质，物质都有实力，只有物质具有实力。

这两种解释，你会喜欢哪一种？显然，我们大多数人都会喜欢马云对"实力"的解释，虽然它不够准确，不够专业化，但是它更容易理解，更容易记住。

在阐述一个事情的时候，要多用定义而少用推理，这是马云演讲中的一个基本技巧。有些人在演讲的时候，为了说清楚自己的观点，或者为了证明自己观点的正确性，会使用一些推理性的语句。这看起来逻辑性很强，实际上却会影响演讲的效果。因为人们在听的时候，很难记住一个推理严密但语句很长的句子。反之，如果我们用定义性语句来阐述一个观点，听众就比较容易记住。

简单地说，定义就是将事情呈现、描述出来，而推理则是由一个或几个已知的判断，推导出一个未知的结论的思维过程。定义之所以简单易懂，容易被人们记住，就是因为它只阐述结果，但不告诉你这个结果是如何来的。推理则因为要把结果产生的原因一一阐述明白，所以就需要严谨的演绎推理和归纳推理，结果就会导致讲的人心里清楚，听的人心里糊涂。

在马云的演讲中，多用定义少用推理还体现出另外一个特点：用最大众化、最通俗易懂的语言强调定义中的一点，而弱化其他。比如，在强调什么是"慈善"时，马云是这么解释的，他说：

"什么叫慈善，什么叫公益，什么叫社会责任，把自己最值钱的东西捐出去，这才叫慈善。对有钱人来讲钱是最不值钱的东西，花点钱就解决了，这不是慈善。慈善是一份心意，拿最珍贵的东西来分享。我认为把时间捐给中央电视台做《赢在中国》很值得，做得好坏是另外一回事情。"

按照维基百科的解释，慈善是一种善良意愿的社会活动，关系"施予者"和"受施者"。在社会上，不问物质回报地给予有需要的社群帮助、赞助等，就是慈善。维基百科还进一步解释，慈善就是促进人类福利进步的利他关怀，通常通过捐赠、资产或活动，由教育或医疗机构捐赠予有需求的人，或公益协助其他社会需求。

显然，相比维基百科关于"慈善"的解释，马云对"慈善"的定义更有针对性，也更容易引起人们的共鸣。

除了专业的学术性演讲，我们大多数演讲都是给普通人听的。如果在给普通人演讲的时候我们大量使用推理及专业性术语，其结果如何可想而知。许多时候，演讲的本意是阐述自己的观点或看法，而不是去说服听众，所以，在演讲的时候只要能用简单易懂的话把观点说出来即可，而无须解释自己的观点是怎么得来的，更无须在演讲中不断地使用专业术语。

在2011年举办的"清华创新论坛"上，马云用了大量的定义性语句来阐释创新，他说："创新无模式，创新就是你的感触，你对问题的看法。"在论及企业创新时，他又说：

"创新在我理解，就是创造新的价值，创新不是因为你要打败对手而创新，不是为更大的名，而是为了社会，为了客户，为了明天，创新不是为对手竞争，而是跟明天竞争。真正的创新一定是基于使命感。"

为什么创新就是跟明天竞争？为什么创新一定是基于使命感？马云没有解释，他只是把自己的观点亮了出来，这就是在演讲中多用定义少用推理的具体表现。

很多人都希望在演讲时能够让听众接受自己的观点，尤其是那些带有"推销"成分的演讲，说服听众是演讲者的目的之一。这时候，演讲者就会想方设法去证明自己观点的正确性。

其实，听众能不能接受演讲人的思想，是受四个因素影响的：一是演讲人是否有很高的可信度；二是演讲人阐述观点时的证据是否有说服力；三是听众是否相信演讲人的推理；四是听众能否被演讲人的感情诉求打动。

在这四个要素中，可信度是自己无法掌控的，而让听众接受你的推理方法是最有挑战性的。事实上，无论你的论证多么有力，只要听众不接受你的推理方法，那么你的观点将失去任何的说服力。举例来说，当你想要说服听众远离噪音时，如果你只是告诉他们过量的噪音会对我们的健康和幸福造成严重影响，结果会如何？

对于那些已经了解了噪声污染的人，他们可能会同意你的观点，但对于那些喜欢摇滚乐的人来说，他们是不会接受你的观点的。所以，你有必要去证明自己的观点，这个时候，你就需要足够的证据和推理过程。

显然，对马云这种很少写演讲稿，主要是即兴演讲的人来说，花费大量的时间去找证据对其观点进行严密论证，是不现实的事情。所以，在马云的演讲中，他之所以能够吸引听众、感染听众并说服听众，靠的是其他的两个要素：可信度和感情诉求。

可信度受多重因素的影响，但是，其中有两个最重要的因素是能力和性格。听众越是喜欢演讲人的能力和性格，他们越是容易接受其思想。当然，演讲者的名声越大，其可信度也会越强——在某种程度上，马云就是在这方面占了便宜。

感情诉求也可以帮助演讲者说服听众。马云在演讲中的特点之一，就是善于使用满载感情的词语，通过生动和质地丰满的例子，使自己的思想有血有肉，并使听众带着感情来听。不过，除非演讲者自己能够感觉到这样的诉求，并且带着诚信和坚定的信念来传达这些话，否则你在演讲时的感情诉求就会流于失败。

我们大多数人都不是职业演讲家，但是我们每个人都可能有机会登台演讲。这种时候，我们要做的就是在演讲时多用定义少用推理，这不但能够让我们的演讲显得流利顺畅，更重要的是，它可以帮我们"藏拙"，让我们避免使用了大量的案例推理却不讨好的现象。

4. 简单就是力量

有的人在说话时，为了表明自己很有"深度"，总喜欢用专业术语把一件本来很简单的事情说得晦涩难懂。这些人可能没有意识到，当他们在扬扬得意于自己的"专家"形象时，别人却已经用"装"来评价他了。

事实上，一瓶子不满半瓶子晃荡的人最喜欢用专业术语或专业理论来解释问题，他们因为并不洞悉问题的本质，所以只能借助别人的理论来解答自己的问题。反之，那些大师级的人物，即便在阐述时间和空间是如何产生的时，也能用最通俗易懂的语言让大众听明白，而不会冒出一堆物理学术语。

在一定程度上，一个人能否把最复杂的事情用最简单的语言说明白，决定了他的沟通能力。举例来说，一个公司的销售人员，如果不能用通俗易懂的大众化语言将新产品的新功能介绍给客户，而是满嘴的专业术语，那么他就很难将产品推销给客户。同样，老师在讲台上，如果不能用通俗的语言将专业知识解释清楚，学生同样会听得稀里糊涂——如果学生能听懂你的专业解释，那他们就不用学习了。

事实上，专业术语不但不能增强你的说服力，反而会降低对方对你的信任。反而是那些喜欢用大白话把道理讲明白的人，更受人欢迎。一个很尴尬的事实是，在现代社会，"专家"已经成为了一个贬义词。

真正的说话高手，是那些能用简单的语句表达复杂意思的人。但是，有时候，我们会认为自己说的都是非常简单的语句，可实际上，听的人还是会觉得你讲的很深奥，从而在内心嘲笑你。

所以，我们必须明白，什么才是真正的简单。

柳传志把创业之道归结为"建班子""定战略""带队伍"九个字，这是一种文字上的简洁。马云在谈到什么是品牌和企业时，说道：

"什么是品牌和企业，我比别人活得长，你活着，人家死了，你就是品牌，就是这么简单。品牌是什么？同时创业的十个人，其他死了，我还活着，这就是品牌。"

这是一种意思上的简单。

通常来讲，我们说话要简单，既指说话的简洁，又指意思上的简单。概括来讲，就是既要说话简洁，说的话又要通俗易懂。

5. 语言不好没关系，但要讲得真实

很多年前，马云在瑞士的大学做过一次演讲。那次共有3位主讲人，一位是当时气势正盛的诺基亚掌门人，一位来自日本，是当时互联网的重量级人物，还有一位就是马云——当时的阿里巴巴，刚刚起步不久，知名度远不及现在。

那次会议的级别非常高，当地为这次会议准备了半年多时间，所以

马云很奇怪为什么会邀请他作为主讲人。当他上台演讲的时候，前两位主讲人已经对IT业、互联网做了精辟、全面和前瞻性的分析，马云非常着急，不知道自己该讲什么了。被逼无奈，他从自己作为一个普通人接触互联网的经过讲起，讲了他对网络世界的感受。结果，他得到了最热烈的掌声。

通过这次演讲，马云领悟到了两点：一是演讲时要说你相信的事情；二是演讲时要说你了解的事情。

后来，马云总结出了演讲技巧之一，那就是语言不好没关系，但要讲得真实，他在给员工阐述演讲技巧时说："演讲有很多，你看刚才讲的，以我们标准来讲，条理不算清晰，逻辑不算完美，但是越听越有味道，主要讲的很多东西真实，是自己的语言，自己的感受。"

"真实"对演讲者来说确实很重要。不过，千万不要把此处的"真实"简单理解为"真情实感"。虽然从专业演讲的角度来说，演讲中要充满"真情实感"是一个基本要求，但此处的"真实"，更多的是指说话内容的真实。

"真情实感"这个要求，对那些并没有受过专业培训的演讲者来说，是一把双刃剑。用好了，它可以为你的演讲增光添彩；用不好，你在听众眼里就会显得很做作，很假。专业演讲讲究的是"七分演技，三分内容"，所以专业演讲者很容易做到在演讲时充满"真情实感"——他们的演技都很高，但对于偶尔有一两次演讲机会的人来说，要想靠演技去打动听众是不现实的，因为你不具备那个功底。

和专业演讲家相比，人们更喜欢听像企业家这种非专业演讲家的演讲，原因很简单，专业演讲家是靠"演技"在吸引听众，而企业家是靠"真实"在打动听众。前者无论讲得如何气势磅礴，如何"充满感情"，但其内容往往是空洞的，除了华丽的语言词汇，往往并没有真实的内容来支撑其演讲，所以难以打动听众。企业家则不同，他们可能语言不华丽，说起话来也是磕磕巴巴，甚至需要思考很久才能说出一句话来，但是他们说的都是自己真实的想法和感受，所以他们更能够打动听众的心灵。

事实上，无论是应用类演讲还是为演讲而演讲，"真实"都是最基本的要求。比如，某市教育局曾举办"感动我们的一百个瞬间"故事演讲比赛，结果，高中组的选手虽然在台上用华丽的语言来描述感动，却难以打动评委，因为他们的内容太空洞，反而是初中组的选手，虽然词藻不够优美，但在内容上丰满、真实了许多，用小事反映真情，声情并茂，打动了不少评委和其他参赛选手。

"真实"是人与人之间有效沟通的前提。马云有一次给员工做演讲，讲完之后觉得不对劲、效果不好，因为他在台上并没有说真话。于是演讲完之后，马云又在公司内部开了一个会议，将自己真实的想法讲了出来。

和写作一样，演讲也包括内容和形式两个方面。为演讲而演讲，重视的是形式，是演讲技巧，至于演讲内容，反而不太被人看重。这有点像一些辩论比赛，看重的是你的辩论技巧，你的巧舌如簧，至于观点并不重要，那是由抽签决定的，也许连你自己都不相信。

这种重形式轻内容的做法，在为演讲而演讲中还可以接受，因为那本来就是一种形式训练，但是，如果把这种做法用到应用类演讲中来，就会失去实际意义。因为很少有人愿意浪费自己的时间去看你"表演"，人们希望听到的是对自己有用的信息，是可以学到东西的信息。

现在再看马云，他的演讲很多时候并不完美，但因为他总是在谈自己的真实想法和感受，哪怕这种想法是古怪的，是逆社会共识的，最终也会因为其"真实"而打动听众。

所以，对那些偶尔需要站在公开场合演讲的人来说，语言不好没关系，只要你能讲出自己真实的想法，保持你自己的风格，你一样可以赢得听众的掌声。

6. 给听众留出想象的空间

国画大师齐白石先生画虾，可谓一绝。可是他从不在画中加上水，奇怪的是，虽然画中无水，他的画却好像更能让人想象出"虾在水中游"的神奇效果。

心理学家将这一现象称之为"空白效应"，意思是说，故意设点悬念，吊一吊胃口，给他人留下想象的空间，更能激发人的好奇心和求知欲，让大脑变得活跃起来；而"满堂灌"、全盘告知后，人们不仅容易产生心理疲劳，大脑的创造性思维还可能受到压制。

人在感知世界的时候，如果感知对象不完整，便会自然地运用联想在头脑中对不完整的感知对象进行补充，直至完整。人们对经过联想去"补充"的感知对象，会产生更强烈的心理效应，不仅印象深刻，而且更容易记住。

"空白效应"不仅可以应用于艺术作品的审美欣赏，同样可以应用于我们的日常说话及演讲中来。日常说话时，如果我们也能学着留点空白，也许会事半功倍，让别人的思维不得不跟着你"穷追不舍"；而在给他人提意见时，如果我们能说个引子就打住，让对方自己反省，对方对你的建议也许会更加印象深刻。

工作上，缺乏经验的领导在教育下属时可能会对之喋喋不休地批评，这很容易导致下属产生逆反心理，如果下属是个"刺头"，他甚至会和领导当场顶撞起来，让领导很没有面子。其实，有经验的领导在教育下属时会很自然地使用"空白效应"，有时候，他们的一个眼神、一句问候、一句玩笑话就可以让下属心领神会，心存佩服和感激。

演讲也是如此，在演讲过程中，如果我们能适当留一些空白，会取得更加良好的演讲效果。马云曾专门提到过在演讲中让听众考虑的重要性，他说：

"一个好的演讲，一个好的思想沟通者，他讲的15分钟让你去想15个小时，而不是讲两个小时大家就笑两个小时，过去就过去了。在杭师院读书的过程中，有很多讲座给我留下了很深的印象。我希望今天我们两个小时的沟通中，也许中间的一个句子，也许中间的一个故事让你去反思一些问题。"

虽然马云在上面这段话中并没有明确表明演讲要留空白，但他的意思很明显：演讲必须激发出大家思考的兴趣。显然，要想激发大家思考的兴趣，演讲中留白就是一个必需的技巧。如果你在演讲中"竹筒倒豆子"，把所有的东西都解释得清清楚楚，听众就会完全跟着你的观点走，而失去自我思考的空间。尤为关键的是，当听众完全跟着你的观点思考问题的时候，他们会很容易失去判断力，哪怕你的观点可能是错误的，他们也会不知不觉地接受。

演讲中的留白，还涉及一个语气停顿的问题。有的人认为，演讲中的任何停顿都可能会被听众误认为是你"卡壳"，所以，演讲最好不要做任何停顿，而要如行云流水般一气呵成。还有的人则不敢停顿，他们害怕给时间留下空白会导致自身紧张，所以总希望在演讲时能够滔滔不绝。

其实，这是认识上的误区。因为在演讲中，有时无声语言更能表情达意，适度停顿更能引人入胜；而且，如果演讲的速度过快，我们很容易产生紧张感，声音也很容易发抖，一旦到了这种失控状态，要想再慢下来，就会变得更加困难。

适当的停顿是演讲中的一种无声语言。大多数吸引人的演讲，通常都不是一气呵成的，而是适当地停顿、静默，然后多转折、多变化，如此更引人入胜。

林肯经常在谈话途中停顿。当他说到一项要点，而且希望他的听众在脑中留下极为深刻的印象时,他会倾身向前,直接望着对方的眼睛,足足有一分钟之久,却一句话也不说。

这种突然而来的沉默,可以瞬间吸引听众的注意力。在演讲过程中,因为各种原因造成的嘈杂混乱的现场情景总是难以避免,演讲者这种语流的突然中止和短暂间歇,可以使每个听众都警觉起来,从而改变他们的视听意向,产生静场效应,为演讲的顺利进行创造条件。

说话时的停顿,是一种需要掌握好的技巧。有意识的停顿,不仅能使讲话层次分明,还能重点突出,吸引听话人的注意力;而且适当的停顿,能使说话的意思前后互相照应。显然,只有条理清楚,你的话才具有说服力并表现出较强的逻辑性,使别人佩服你讲话的老练和娴熟。如果不懂得适时地停顿,滔滔不绝地一直讲下去,就会使人有急促感,显不出你的感情和力度。

当你转换语言、提出重点、总结中心思想、概括主要内容时,需要适时地进行停顿,而静默的时间一般不要超过10秒钟。特别需要停顿的地方,也不宜超过1分钟。

另外,如果你想表达内心的激情,讲话就应该抑扬顿挫,所以停顿不只是声音的静止,还是一种无声的心灵之语,它往往配合动作手势,比如低头沉思,双手握拳,做激动状,等等。说到关键处,双目凝视,深深叹息,皱紧双眉做痛苦状,抬头仰望天空,等等。

第五节　如何让商业路演内容更精彩

1. 听众心理特征分析

商业演讲过程中,听众心理是由数量较多的人所组成的,是演讲过程中必不可少的客体。这一客体所产生的效应决定了演讲的成功与失败。听众的心理由于文化层次与年龄差距等因素的不同，而有很大的差别，并各具特征。因此，探讨听众心理是成功演讲不可少的因素。

美国前总统林肯说过："当我准备发言时总会花2/3的时间考虑听众想听什么，而只用1/3的时间考虑我想说什么。"我们都知道打仗要知己知彼，方能百战不殆。任何一种演讲，其成功的关键都在于听众对演讲的接受，因为他们才是这个场合的中心人物，而不是演讲者。因此，演讲者必须了解在接受演讲的过程中起重要作用的听众心理特征和听众构成成分。

当许多人聚在一起形成一个群体时，人们的心理状态较之独处时会有一些明显的变化。下面就是几种听众接受演讲信息时的主要心理特征。

（1）集体行为中的感染力量

"感染"指的是感情或行为从一群人中的一个参加者蔓延到另一个参加者。一个头脑冷静而理智的人，一旦进入某一规模的群体之中，常常会放弃平常抑制自身行为的社会准则，而与集体中的其他成员相互刺激并产生强烈的情绪和行为上的反应；即集体中的个体成员对任何种类的情绪暗示都易于接受，进而他会像周围的人那样行动。政治信仰者的狂热，足球迷的骚乱，"追星族"的疯狂，都表现了集体行为中感染的力量及其后果。

演讲中，也往往出现少数人笑众人皆笑，少数人鼓掌众人皆鼓掌，少数人打哈欠众人皆有睡意的现象。

善于演讲的人都会控制、调节听众的情绪，能把握演讲成败的关键时机。他们能适时煽动起听众的热情，把演讲推向高潮；也能及时发现听众的不耐烦情绪，以主动出击的方式控制消极情绪的蔓延。

（2）听众自我中心的功利目的

有时候演讲失败，不是因为演讲者缺乏足够的准备，而是因为听众对演讲的主题、内容缺乏兴趣。

这在某些形式主义的讲话场合中十分常见。听众往往考虑那些与他们切身利益密切相关的事情。例如，业绩提升、人脉扩展等话题更引人关注。

因此，演讲者在选择演讲的主题、内容时，应该充分注意听众的兴趣和利益，不论何种类型的演讲，应从听众角度精心选择和设计时间的分配、疑难问题的解答、精神上的娱乐和放松等内容，都应该能满足听众"自我中心"的需求。

（3）抓住听众有限的注意力

研究表明，人类注意力的持续时间非常有限。以一个单位对象为标准，人类注意力持续时间只有3～24秒。人的大脑时刻准备接受新的刺激。

演讲实践也表明，听众很难聚精会神倾听一个冗长的演讲。因此，演讲者应有意识地制造演讲内容的起伏跌宕，适时变换语调和节奏，以保证能够持续吸引听众的注意。

2. 听众成分分析

准备一场演讲，还必须事先了解听众的构成，以便有针对性地做好演讲材料、演讲技巧、演讲风格的准备。

从参加演讲会的目的来看，听众大致可分为五种类型。

（1）慕名而来

一般群众对各类名人都怀有一种敬仰、钦慕之心，因此，当著名政治家、科学家、演讲家、体育明星、影视明星等发表演讲时，往往有大批听众慕名前往。此类听众大多是为了一睹名人风采，他们一般不太计较演讲水平的高低。同时，潜在的崇拜，往往使名人们的演讲在听众中激起异乎寻常的热烈反响。

（2）求知而来

为了获取新的知识和能力，听众会自觉选择那些能满足自己求知欲的演讲。学术讲座、技术辅导、国外见闻等演讲能够吸引大批听众的原因，正是这些演讲满足了听众的求知欲望。此类演讲只要内容充实，条理清晰，听众一般不会过于挑剔演讲技巧。

（3）存疑而来

听众对自己渴望了解的演讲话题总是抱着极大的兴趣。例如，调整工资、保健问答、产品介绍等，如果关系到听众的切身利益，听众会十分主动地参与到演讲交流过程中来。此类听众只要求演讲者把演讲内容交代清楚，他们对演讲者的身份、地位和演讲水平不会有苛刻的要求。

（4）捧场而来

在某些演讲，特别是命题演讲，往往有一些演讲者的学员、同事和亲属前来助威和捧场。这类听众的人数虽少，但在渲染演讲会场气氛、调动其他听众情绪方面却能起到极其重要的作用。演讲比赛和体育比赛一样，东道主往往因"地利人和"而占据优势地位，其主要原因是拥有自己的捧场者。

（5）不得不来

工作报告、经验交流、各种庆典的会场上，有相当一部分听众是由于纪律约束或出于礼貌而不得不来的。这类听众对演讲内容不甚关心，演讲过程中心不在焉，态度冷漠。要征服这类听众，演讲者必须具有高超的演讲技巧。

3. 找出听众的问题、需求和渴望

一个演讲高手在与听众建立信赖之后，就要开始挖掘听众的问题需求、渴望。

如果你的演讲主题是商机的推广，可能这样问大家："你们觉不觉得现在的生意越来越难做了，竞争越来越激烈呢？如果你们公司的项目不够好，加上竞争力不强，你们还要浪费多少时间和金钱来卖这个产品呢？你们希望立刻改变吗？如果有一个方法在一年之内可以让你们企业的业绩增加200%～300%，你们有没有兴趣呢？有兴趣的，请举手。"

看到大部分人都有兴趣，你接着说："我走遍世界30个国家，研究了80个不同的项目，最后找到一个项目让5个国家的总统和6家500强企业的领导者都认可的一个项目，我现在已经将这个项目的产品代理回中国了。在短短的三个月内，它让我的收入实现了300%～400%的增长。现在你们想不想了解这个项目呢？想的话，请举手！"

当你讲完这段话后，接下来你推广项目是不是就变得顺理成章了呢？这段话就是在教你如何找出听众的问题、需求和渴望。

第六节　如何准备一个路演的故事

为什么讲故事对一个人的口才非常重要？这是因为，从生理上来讲，人的大脑分为左脑与右脑，左脑是理性的、严谨的，而右脑是感性的、活跃的。左脑倾向于分析、总结和推理，而右脑富于想象，乐于接收生动化、趣味性的东西。理论的东西，过多地灌输、反复地强调，会让人们产生逆反心理。故事则不同，由于其是右脑的产物，具有生动性和趣味性，所以在传播的时候，很容易就能被听众的右脑接受并留下深刻的记忆。马云的演讲之所以受欢迎，就是因为他抓住了故事的重要性，懂得灵活使用讲故事的技巧来吸引大家的注意力。

用故事来阐述自己的观点，推销自己的观点，是一种非常有效，也非常受人欢迎的方式。因为没有人喜欢说教，也没有人喜欢被教训，但人们喜欢听故事，并喜欢从故事中自己去琢磨做人做事的道理。

讲故事的魅力就在于此，因为人天生喜欢听故事。马云深谙其中的技巧，所以他在阐述自己的观点时，总是会用一个故事来引出自己想要谈的事情。比如他在讲"管理不是为了方便自己"这个观点时，开头就用了一个故事来引起大家的关注：

"两年以前，杭州有个餐馆，我一进去就发现这个餐馆要死。餐馆有四个服务人员，经理坐在前面的桌子上，我进去要坐这张桌子，他说不行，说'我坐在这里是为了方便管这四个人'，他说'你们两三个人要坐那边去'。我认为，管理不能管理客户，是应该把四个站在那里傻乎乎的服务人员管理好，客户想坐这张桌子是客户的权利。果然这个饭店半年以后不见了。"

如果马云只是很简单地告诉大家"管理不是为了方便自己"，台下的听众很可能会把这句话当作耳旁风，左耳进右耳出。但是现在不一样了，因为大家即便记不住马云的观点，也能记住这个故事。记住了这个故事，人们就可以自己琢磨出管理的目的来。

林肯在做美国总统的时候，非常善于用故事来阐述自己的观点。他认为，人们主要是通过故事来思考，而不是通过成堆的资料去推理。因为"故事容易记住，它们会教育人，如果我们真的重视理想、价值、动力和献身精神，那我们就应当注意发挥故事和神话的作用"。

当然，在用故事来增加我们的口才魅力时，我们不能单纯地讲故事，而忘记了讲故事的目的。就如林肯所说："我相信我会讲故事这点已经出了名，但总的说我是名不副实的，因为我感兴趣的不是故事本身，而是其目的或效果。我往往用一个简短的故事来说明我的观点，从而避免别人冗长而无味的议论以及我自己费力的解释。"

有一句耳熟能详的话，"不打无准备之仗"，意思是，要想取得战斗的胜利，必须做好充分的准备，如果准备不充分，打起仗来十有八九是要吃亏的。商业演讲也不例外，同样需要周密部署，精心准备。好的准备就是成功的开始，结果不好就是准备不足。

如何让你的演讲能达到更好的效果呢？回答这个问题之前，我们先要弄清一个问题，演讲到底是要讲什么？答案是，要讲故事，不要讲理论。这怎么理解呢？

比如，在讲到演讲如何让人出人头地、让业绩倍增的时候，就可以讲一个励志小故事，然后用简单的理论点拨一下。这样观众既能记住演讲者所讲的内容，也能很快掌握演讲的诀窍。这就是所谓的"演讲要讲故事，不要讲理论"。

那么，讲什么样的故事能更具说服力呢？怎么讲故事能让别人采取行动呢？这是我们接下来要讲的重点。数学有方程式，故事也有方程式。只要你能掌握故事的方程式，你就能将故事演绎得生动、感人。故事方程式包括三个步骤，也就是说你要完成这个故事方程式要分三步走。

第一步：事件。

在讲故事的时候，你首先要讲你亲身经历的一件事。为什么要讲自己经历的事呢？因为亲身经历的事更能够打动人，更有说服力。

第二步：要求。

根据你的故事，你要求听众做什么。讲亲身经历的事情，不仅在于要感动观众，更重要的是要让他们采取一项行动。至于这项行动是什么，视具体的情况而定了。如果要你用文字来概括这项行动，最好不要超过十个字。

第三步：益处。

根据你的故事，你要求观众去做的事，他们做了，那么他们能从中得到什么好处。当然，这个好处你要用简洁的语言（不超过七个字）表达出来，让听众清楚地了解。

这就是故事的方程式：

故事方程式 = 一件亲身经历的事情 + 你要求听众采取什么行动 + 听众能从事件中得到什么益处

如果你讲的故事具备这三个要素，那么你的演讲就具备说服力了。

如何准备一个演讲的故事，即另一个方程式，它包含五个步骤。

第一步：必须在头脑里先想好这个故事。

这指的是，你准备与听众分享的故事是什么。分享的内容可以多种多样，可以是人生经历、创业故事、学习经历等。

故事可以是大的，也可是小的，但要注意时间的把握和节奏的控制。比如，讲自己的人生经历，因为这种故事时间跨度太长，所以在讲的时候，你不可能每件事都讲得很详细，只能着重讲那些对人生有重大影响的事件；而对那些小故事，你可以描述得详细和生动点，以丰富内容和增加趣味性。

第二步：为什么会选这个故事。

每次演讲你都有一个充分的理由说服自己：这个故事是值得用到演讲当中的。因为它是众多故事当中最好的一个，也是对你影响最大的一个。记住，演讲的时间有限，你必须将最好的故事拿出来和大家分享，也只有这样，才能和大家产生共鸣。

第三步：准备好开头第一句话。

演讲要用的故事准备好了，那么你演讲开头第一句话准备好了吗？准备演讲时，很多人不知怎么开头。所以在演讲前，你要先准备好开头的那句话，只要第一句话讲好，第二句就可以脱口而出了。

很多人在讲台上支支吾吾，半天说不出话来，后面要说什么自然也接不上来。所以上台的时候，你需要问自己："我要用哪一句话来开始讲这个故事？"

第四步：你要听众做什么。

接下来，你要问自己："根据我的经验，我要听众做什么？"

对于这个问题，演讲前你要在脑海里像放电影一样过一遍，并将它们记下来。因为演讲是要求别人行动的。

第五步：精彩的结束语。

精彩的结束语可以让听众久久难以忘怀。所以，在演讲即将结束时，你要问自己："如果听众按照我的话去做，他们会有什么好处？"

结尾一定要求听众去行动，并且告诉他们做了之后会有什么好处。举例讲，当你要求员工认真工作、提高效率时，你同时要告诉他们这样会得到什么结果，如加薪、升职等。

世界一流的演讲都是这样的模式，所以请你把五句话写下来：

你准备与听众分享的故事是什么？

你选这个故事的理由是什么？

你准备用哪一句话来开始这个故事？

根据你的经验，你要求听众采取一个什么行动？

照你的话去做，他们会有什么好处？

Chapter 6

第六章
如何运作商业路演——厉"兵"秣马

"听到了，断言、重复、传染，断言我是第一，传十遍，然后不断地重复说一百遍，然后你就是第一了，很多事都是这么起来的。"这是马云说过的一句话。马云说这句话的时候，是不是意有所指，我们不得而知，但我们知道，阿里巴巴在创业之初，其B2B商业模式之所以能迅速被大家接受，正是得益于他一个人不遗余力地不断重复、推广、宣传。

第一节 以公司为主体运作商业路演

阿里巴巴的B2B商业模式，是中国互联网的一个另类，也是全球互联网的一个另类。在马云创立阿里巴巴之前，中国的互联网模式都可以在美国找到成功的原型，所以风险投资敢于投资这些公司。但阿里巴巴不同，它是完全创新的，在它之前，没有成功的原型。所以，国内外那些掌握着巨额资金的投资方，一开始并不敢投资阿里巴巴。

马云的解决办法，就是充分利用他的好口才。他说："我有一副天生的好口才，为什么不可以在大街上宣传我的公司？"

其实，马云不仅仅是在大街上宣传他的公司，他还在全球各个国家宣传他的公司。

为了能让投资方认可阿里巴巴的商业模式，马云把自己当成了一台促销机器，开始了疯狂的"演讲传道"之路。1999—2000年，他不间断地在空中飞来飞去，参加全球各地的经济论坛，尤其是经济发达国家的经济论坛。每到一个地方，他就疯狂地发表激情的演讲，用他那张"铁嘴"宣传全球首创的B2B思想，宣传阿里巴巴。

马云相信自己是一台成功的促销机器！他一个月能去三次欧洲，一周内可以跑七个国家。他每到一地，总是不停地演讲，他在BBC做现场直播演讲，在麻省理工学院、沃顿商学院、哈佛大学演讲，在世界经济论坛演讲，在亚洲商业协会演讲。他激情地挥舞着双手，对台下的观众疯狂地叫道："B2B模式最终将改变全球几千万商人的生意方式，从而改变全球几十亿人的生活！"

就是靠这种不断地重复，马云真的达到了他的目的。没过多久，他和阿里巴巴的名字就被欧美国家的很多人记住，来自国外的会员和点击率也呈直线增长。尤为重要的是，他还登上了世界上最著名的财经杂志《福布斯》的封面，成为《福布斯》杂志创办几十年来首位登上其封面的大陆企业家。至此，马云用他无与伦比的口才宣传阿里巴巴的"阴谋"彻底得逞。

要想别人相信，先要自己相信，这是马云的口才能够打动别人的秘诀之一。事实上，正是因为坚信自己所说的都会成为事实，他才有足够的自信去向别人灌输他的观点，而无论别人听得懂听不懂，相信还是不相信。

早在阿里巴巴成立之前，马云曾四处推销他的中国黄页，那是他的第二次创业内容。一个中央电视台的纪录片显示，在向客户推销中国黄页时，哪怕对方是傲慢的官方机构负责人，马云仍然是一副自信满满的样子——虽然他会表现出一副谦卑的姿态，但他说出来的话一点都不谦卑：我可以建立一个中国最大的信息库、信息源。

被客户拒绝以后，情绪低落的马云坐在回去的公交车里，看着华灯初上的北京城，又说出了一番信心满满的话："再过几年，北京就不会这样对我；再过几年，你们都得知道我是干什么的，我在北京也不会这么落魄。"

这是马云在受到挫折时说出的话！在这些话里，我们看不到马云的灰心和沮丧，而只感受到了一种永不服输的精神和无与伦比的斗志。在马云的内心深处，他就从来没有想过自己会失败，也从来没有想过自己想做的事会做不成。或许，正是这种相信自己一定会成功的心态，让马云的口才显得更加有说服力和吸引力。

事实已经证明，今天，已经没有几个人不知道马云和他的阿里巴巴。

其实，在马云飞来飞去四处宣传阿里巴巴商业模式的初期，许多人都对他持怀疑态度。在香港做演讲时，马云曾提出了一个惊人的口号："阿里巴巴要把全世界的商人联合起来！"有人就开玩笑，马云自己都还不是个成功的商人，他怎么去联合全世界的商人？他又凭什么去联合？

但马云不管这么多。当时给马云拍纪录片的中央电视台编导这么评价马云："他很极端的，他要推销他的想法，他不管你听下去听不下去，他都滔滔不绝，强硬地把他的想法输送给你。"这位编导又用了一句话来总结马云的口才特点："马云就像一剂毒药，他把人们最不可思议的东西给打动了。"

马云当然不是一剂毒药，他之所以能够说服各种各样的人相信阿里巴巴，接受阿里巴巴，靠的其实就是"重复一百遍你是第一，你就是第一"的宣传技巧。一个不容置疑的事实是，当我们谈起其他公司的时候，我们可能知道这家公司的老总是谁，也知道这家公司的产品是什么，但我们很少能够知道这家公司的企业文化和经营理念是什么样子。谈起阿里巴巴则不然，一谈起阿里巴巴，我们的脑海里会自然而然地浮现出"使命""价值观""梦想""伟大的公司"等词语，我们会自然而然地把阿里巴巴看成是一家充满梦想的、具有使命感和正确价值观的伟大的公司。

为什么阿里巴巴在我们的脑海里会有如此光辉的形象？我们真的对阿里巴巴有详细的了解吗？

如果你从来没有对阿里巴巴进行过系统的了解，那你就要反问自己：你对阿里巴巴的这些认识，来自何处？

没错，答案就来自马云的口才推销技巧。看过一些马云演讲的人都知道，马云在演讲的时候，很少会谈到具体的技术和管理的问题，但是，关于阿里巴巴的梦想、阿里巴巴的使命、阿里巴巴的价值观，他总是挂在嘴边，随时会给大家灌输一遍。正是这种不厌其烦的灌输，让我们在看电视、看报纸、浏览网页的时候，不经意地被影响，被潜移默化。马云在2007年的一次演讲中，无意中谈到了这一点。

他说："我真的是对不起，每次自己讲的思想都是差不多的，其实我七年前讲的话跟今天讲的话都差不多，但是听得都不一样，功力不一样，三年阿里人会听三年，五年你会听五年，烦来烦去的总是围绕着我们的信念走，说来说去就是做人的道理、做事的原则，但是怎么做事情，我相信你们一定比我做得好。"

正是这种说来说去观点重复的讲话，让马云把阿里巴巴推向了世界，推向了每一个人的心中。如果说马云的口才有技巧，那么这种不断地重复同一个观点，也是他的技巧之一。

第二节　使商业路演发挥最大效应

阿里巴巴的成功，或者说是马云的成功，离不开许多"贵人"的相助。有的人或许会想，马云是运气好，所以有这么多贵人相助。其实，不是马云的运气好，而是马云的口才好，通过不断的商业路演，才吸引了众多的"贵人"前来扶持帮助。

马云"忽悠"来的第一个"贵人"，是他的夫人张瑛。阿里巴巴刚成立的时候，马云就忽悠张瑛，说他们如果是一支军队，张瑛就是政委，有张瑛在，大家才会觉得稳妥。就这样，张瑛辞掉了原来的教师工作，被马云"骗"进了阿里巴巴做起了她的"政委"。

顶着"政委"的虚衔，张瑛实际上干的是勤杂工的工作。白天她要在厨房给大家做饭，晚上还要给大家做夜宵。不仅如此，由于当时每人每月只有500元钱的工资，这点钱买菜都不够，所以到后来，张瑛发现自己"上当"了，她本来当老师当得好好的，现在却成了一个"倒贴伙食费的老妈子"。

随着阿里巴巴的迅猛发展，张瑛慢慢做到了阿里巴巴中国事业部总经理的位置。这个时候，马云家后院起火，儿子因为顾不上管教，迷上了网络游戏。为了儿子的未来，马云又开始鼓动他的如簧巧舌"忽悠"张瑛："你辞职吧，我们家现在比阿里巴巴更需要你。你离开阿里巴巴，少的只是一份薪水；可你不回家，儿子将来变坏了，多少钱都拉不回来。儿子跟钱，挑一样，你要哪个？"

爱子心切的张瑛就这样又一次被马云打动，辞掉了总经理的职位，回家做起了全职太太。

我们从中可以发现，无论是将张瑛"忽悠"进阿里巴巴还是"忽悠"出阿里巴巴，马云的说辞都很有吸引力和说服力。在鼓动张瑛加入阿里巴巴的时候，虽然两个人是夫妻，马云仍然使用了一点语言技巧：他没有直接说他需要张瑛的帮助和支持，而是说公司的员工需要张瑛，这就让张瑛觉得自己很重要，满足了张瑛的存在心理，从而让张瑛心甘情愿地加入到阿里巴巴来。在让张瑛离开阿里巴巴的时候，马云则是用儿子的未来打动她。显然，母子情深，没有哪位母亲会不关注自己儿子的成长，所以马云的语言策略，再一次生效。

但在和别人谈为什么让张瑛离开阿里巴巴时，马云完全是另外一种说辞。有一次，马云和雅虎创始人杨致远闲聊，杨致远问起了张瑛，马云是这么解释的："张瑛以前是我事业上的搭档，我有今天，她没有功劳也有苦劳，我也一直把她当作生产资料。但现在我觉得，作为太太，她更适合做生活资料……"

显然，同一件事情，面对不同的人，马云会采取不同的语言技巧。从中我们可以看出，马云无论在跟人谈话的时候还是在演讲的时候，总是充满煽动力，是因为他确实会采取不同的语言策略。这就是他总能把一些"贵人"吸引到身边来的原因之一。

阿里巴巴前CTO吴炯，是阿里巴巴早期的投资人之一，也是马云的"贵人"之一。20世纪90年代，吴炯出任美国雅虎第一代搜索的架构师。1997年年底，中文雅虎开通，吴炯陪杨致远到北京参加发布会。在一次会议上，马云以对外经贸部工作人员的身份接待了吴炯。当时马云对吴炯聊了什么，我们现在无法得知，但是吴炯后来回忆说，他"当时就想这个人以后一定能成大事"，因为他感觉到马云有梦想，有做大事的欲望，而且非常有个人魅力，很有感染力。

用"梦想""欲望""个人魅力""感染力"这样的词来形容马云，马云当时和吴炯谈话时的状态我们已经可以想象得出。显然，口才是关键。同样的事情，同样的梦想，有的人讲出来可能会干巴巴的，引不起别人的关注和兴趣，但马云显然是一件事从他嘴里说出来，就能让人热血沸腾的那种人。

事实上，马云是那种能够把一件复杂的事说得简单，简单的事说得你充满激情的人。1999年，马云飞到美国旧金山，与吴炯相约见面。一见面，马云就展示了他正准备做的阿里巴巴网站的雏形，他说："中国内地跟全球做贸易，都从香港过的，香港就是'雁过拔毛'，看香港多有钱；我们做一个贸易的网站，让那些国际贸易从我们网站过，我们也拔一些毛，香港就是我们的。"

很少有人敢这么去讲解自己的商业模式，但马云就敢，而且他能用这种通俗易懂的语言把事情说得很清楚，并让对方感受到诱惑力。2000年5月，吴炯在马云的再次邀请下，加入了阿里巴巴，建立了阿里巴巴在美国的研发团队。

　　观察阿里巴巴的创业发展史，经常会看到一个人的身影，这就是蔡崇信。马云与蔡崇信的相识很有戏剧性，当时马云四处宣讲阿里巴巴关于电子商务的理念，受到了某些国际投资集团的注意，其中就包括蔡崇信供职的Investor AB集团。后来蔡崇信来到阿里巴巴考察，看是否适合投资。四天的时间里，马云跟蔡崇信讲述了自己对电子商务的看法，讲述了自己要做全球最大的B2B网站的"芝麻开门"梦想。谈了四天后，蔡崇信说："马云，那边我不干了，我要加入阿里巴巴！"

　　蔡崇信的这一决定，意味着他要放弃70万美元的年薪和国际投资公司的稳定工作，接受阿里巴巴当时月薪500元的工资待遇。许多人都揣测过蔡崇信当时做这一决定的真实心态。最终，人们普遍认为：像蔡崇信这样的职业投资家，一定见识过很多创业者，接触过很多创业团队，能够被马云吸引，除了他非常认可阿里巴巴的B2B模式及前景外，只能是被马云的人格魅力和口才魅力所吸引。要知道，就连中央电视台的编导也评价"马云像一剂毒药，可以把人们最不可思议的东西打动"。

　　蔡崇信是马云的"贵人"。他的到来，让阿里巴巴从一出生就逐渐正规化、国际化，并将"十八罗汉"牢牢地绑在一起，至少维持了八年的创业激情。更重要的意义在于，蔡崇信的到来提高了阿里巴巴国际融资的说服力。作为风险投资界的知名人士，蔡崇信为马云带来的不仅是一个优秀的财务人才，而是一个"金融网络"，蔡崇信的加盟让阿里巴巴接下来的融资事件顺理成章。

　　蔡崇信既懂法律，又懂财务，又是阿里巴巴的创始人，所以他在阿里巴巴的地位不容小觑。阿里巴巴的许多里程碑事件都与他有关，如1999年领导成立阿里巴巴集团香港总部，2005年主导收购中国雅虎及雅虎对阿里巴巴的投资谈判，蔡崇信都功不可没。这位"贵人"曾于

1999—2000年出任阿里巴巴集团的首席运营官，阿里巴巴的发展走向，他起了关键作用。

被称为阿里巴巴"铁血宰相"的关明生，也是马云的"贵人"之一。他不但鼎力帮助马云渡过了爆发于2000年的那次互联网泡沫，还将马云想到了但做不到的团队文化、价值观发挥到极致，并将自己在跨国公司摸索、积累若干年的管理思想精华融合进来，打造出一种独特而又魅力十足的"阿里文化"。

关明生加入阿里巴巴之前，与马云在北京的一家日本餐馆，进行过一次深入的交流，时间是2000年10月，蔡崇信和吴炯也在场。就是这次谈话，让关明生这个生于香港，先后就读于英国剑桥工业学院和伦敦商学院，在美国通用电气公司工作达15年的国际精英人才决定加盟阿里巴巴。

在谈及那次交流是什么打动了关明生时，关明生回忆说："我记得2000年11月我们四个人在北京第一次见面，我们谈了大概两个小时，而且饭都没吃，大家都好像是在大学寝室里面讲话一样，就像大学生讲我们未来怎么样，都讲阿里巴巴，这很重要，很多人问我什么东西吸引了我，我很肯定是阿里巴巴，特别是马云的魅力，还有不光是他个人的魅力，他代表整个阿里巴巴的一个梦想、一个方向，这个是绝对吸引人的……"

无论是吴炯、蔡崇信还是关明生，他们加入阿里巴巴的一个共同的甚至是最重要的原因都是因为马云的魅力。虽然说一个人的魅力来自各种各样的因素，但就马云来说，他的魅力就是那张能够口吐莲花的嘴。靠着这张嘴，马云能够把枯燥的事情说得有趣，把复杂的事情说得简单，把平淡的事情说得充满激情。有了这样的口才，马云身边总是有"贵人"相助，也就毫不奇怪了。

第三节　文化落地：感受过去，看到未来

作为企业领导人，首先要弄清楚愿景与目标之间的区别。一些人认为愿景就是目标，目标就是愿景，这显然是一种误区。

目标是清晰的、看得见的，是可以通过努力实现的。虽然愿景也必须是清晰的，但愿景更多的是一种内心的愿望，是一种驱动力，是人们愿意通过实践、追求来达到的某一种境界。当然，与目标不同的是，这种境界在短期内不一定能够实现。

目标可以分为短期目标、中期目标、长期目标，而愿景只有一个，它从被确立起就立在那儿，轻易不会被改变。所以，愿景一定要大，大得让人们不能轻易就实现它，否则，当人们轻轻松松就实现了它的时候，就会失去前进的内在驱动力。目标一定要具体，具体到只要团队成员共同努力，就能实现它。

一个愿景要能够激励人心，就必须充满神奇色彩而不是平凡普通，要能够超越人们所设想的"常态"水准，体现出一定的英雄主义精神。因为每个人都为一种意义而活着，并追求自我的超越。远大的组织愿景一旦能够实现，便意味着组织中个人的自我超越，也就是一种最高的自我实现。因此，愿景规划的真正意义在于，通过确立一种组织自我实现的愿景，将它转化为组织中每个人自我实现的愿景，而要达到"自我实现"，愿景必须宏伟。

举个例子来阐释它们之间的区别：共产主义是人们的一个愿景，人们可以为了它努力工作，即使不能实现它，也不会放弃它。它是一种精神的动力源泉，永远吸引着人们为了它而奋斗、奉献；社会主义则是一个清晰的目标，是一个一定要实现的目标。

案例

在一部讲述罗马奴隶起义的电影《斯巴达克斯》中，斯巴达克斯在公元前71年领导一群奴隶起义，他们两度击败罗马大军，但是在罗马大将克拉苏的长期包围攻击之后，最后还是失败了。

在电影中，克拉苏告诉几千名斯巴达克斯部队的生还者说："你们曾经是奴隶，将来还是奴隶。但是罗马军队慈悲为怀，只要你们把斯巴达克斯交给我，就不会受到钉死在十字架上的刑罚。"在一段长时间的沉默之后，斯巴达克斯站起来说："我是斯巴达克斯。"然后他旁边的人站起来说："我才是斯巴达克斯。"下一个人站起来也说："不，我才是斯巴达克斯。"最后，被俘虏军队里的每一个人都站起来说他才是斯巴达克斯。

这个故事的意义在于，虽然每一个站起来的人都选择了受死，但是他们所忠于的并不是斯巴达克斯这个人，而是由斯巴达克斯所激发的"共同愿景"：获得自由。

这个愿景是如此让人难以抗拒，以至于没有人愿意放弃它。著名心理学家马斯洛说："每一个自我实现的人都献身于某一事业、号召、使命和他们所热爱的工作。"马斯洛晚年曾从事对杰出团队的研究，发现他们最显著的特征便是具有共同的愿景与目标，而且在特别出色的团队里，个人目标与团队愿景已经无法分开了。

理论上讲，任何一个组织都需要一个愿景，否则这个组织就缺乏凝聚力，更缺乏持久的战斗力。同样，一个团队，不管它以前多么优秀，如果没有愿景作为内在驱动力，那么在完成一个又一个的既定目标后，这个团队就会变得懒散、茫然，不知道自己为什么要选择现在的生活方式，更不知道自己工作的意义何在。

被称为"20世纪最伟大的CEO"的杰克·韦尔奇认为，领导人的第一要务是"设立愿景，使愿景体现在生活作息中，并激发团队去实现它"。事实上，很多伟大的企业家和政治家都善于利用"共同愿景"进行领导和管理；而《基业长青》一书的作者通过调查发现，"基业长青"型公司都有清晰的"愿景"和共同价值观。

比尔·盖茨的愿景是"使每一个人桌上都放置一台电脑"，亨利·福特的愿景是"使汽车大众化"，这些愿景都非常形象生动。福特还进一步表达他的愿景："我要为大众生产一种汽车……，它的价格如此之低，不会有人因为薪水不高而无法拥有它，人们可以和家人一起在上帝赐予的广阔无垠的大自然里陶醉于快乐的时光……"

其他如：

波音公司的愿景是，在民用飞机领域成为举足轻重的人物，并把世界带入喷气式时代。

索尼公司的愿景是，成为世界上最知名的企业，改变日本产品在世界上的劣质形象。

菲利浦莫瑞斯的愿景是，击败RJR，成为全球烟草第一。

这些话让每个人都想象得到那种生活的场景，而不仅仅是一种抽象的目标和结果。

有人可能会说，现在一般都是企业在谈愿景，如果是一个团队有必要谈愿景吗？其实，如果你把企业和团队都看成是"有机组织"，就会明白，对所有的"有机组织"而言，愿景对它们的重要性在原理上都是一样的。

所以，作为团队领导人，在和成员一起制定了共同的目标和路线后，还需要给团队树立一个共同的愿景，用以激发团队成员的内在驱动力，维持团队的持久战斗力。

在一定程度上，愿景就是理想。可以想象，如果一个人没有理想的话，这个人实际上就是一具行尸走肉，做什么都没有激情，没有动力。团队如果只有目标没有愿景，也将会出现同样的现象。在一些团队里面，大家看上去每天都在忙忙碌碌，但如果最后考察一下他们的业绩，却发现乏善可陈，其付出与收获根本不成比例。这样的团队，就是缺少愿景的团队。在这样的团队里面，人们的工作只是为了生存，而不是为了理想。在一个只有生存、没有希望的团队里面，是没有丝毫战斗力可言的。

共同愿景的树立必须由个人目标汇聚而成，借着个人目标的能量，才能汇集成强大的共同愿景。所以，要建立起团队的共同愿景，团队领导就必须持续不断地鼓励成员树立发展个人目标。如果一个人没有自己的目标，他对共同愿景的态度就只会是附合、顺从，而不会在内心产生真正的意愿。只有将团队强大的共同愿景转化为个人的目标，才能激励自己。诚如美国汉诺瓦保险公司的总经理所说："我的愿景对你并不重要，唯有你的愿景才能够激励你。"

当然，个人目标也要尊重组织的共同愿景，不能凌驾于组织的共同愿景之上，更不能破坏组织的共同愿景。松下幸之助是成功的共同愿景塑造者，他认为："只有先了解人性的尊严，'企业就是人'这句话才能成为事实。……如果真能做到尊重个人自由，则人们就能进一步体会到自己是组织的一分子，就会有自己的判断和独立自主的意愿，员工就能体会到'我是组织的一员，组织的事业就是我个人的事业'，这样，必能形成一股强大的合力。"

目标越伟大，越不可能一蹴而就。所以对企业领导来说，大的目标确定后，其所关注的重心就要转移。转移到"当下"，详细观察你的团队成员具体工作的情况，是现在最主要的任务。

一些有经验的团队领导总是把一个长期计划分成众多的短期计划，

这样做有三个好处：

第一，一个长期计划的实现过程总是很枯燥的，没人敢保证在实现长期计划的过程中会不会有人因为感觉不到成功的快乐而出现精神的松懈。从心理学的角度来讲，如果一个人总是感觉到他离成功很远，他的精神与行动力就会大大减弱。这无疑会在一定程度上降低团队的战斗力。

如果把长期计划分割成众多短期计划，由于人们很容易就能够实现这些短期计划，这就会在他们心理上产生一种成就感；而成功往往是鼓励士气的最佳手段，团队的战斗力也就可以因此继续保持下去。

案例

1952年7月4日清晨，加利福尼亚海岸笼罩在浓雾中。在海岸以西21英里的卡塔林纳岛上，一个34岁的女人涉水进入太平洋中，开始向加州海岸游去。要是成功了，她就是第一个游过这个海峡的女性。这个女人名叫费罗伦斯·柯德威克。在此之前，她是第一位从英法两边海岸游过英吉利海峡的女性。那天早晨，海水冻得她身体发麻，雾很大，她连护送她的船都几乎看不到。途中几次鲨鱼靠近了她，被人开枪吓跑。15个小时之后，她又冷又累，就叫人拉她上船，她的母亲和教练在另一条船上。他们告诉她海岸很近了，叫她不要放弃。但她朝加州海岸望去，除了浓雾什么也看不到。她感到船上的人肯定在骗她，海岸肯定还在很远的地方。尽管别人一再保证很快就要到对岸了，但是费罗伦斯最终还是因为看不到胜利而放弃了努力。

15小时零55分钟，她被拉上船，而此地离加州海岸只有半英里！费罗伦斯后悔万分："说实在的，我不是为自己找借口，如果当时我看见陆地，也许我能坚持下来。"

两个月之后，她再次横渡海峡。这次她采取了全新的策略：把整个过程分成8个小过程，设置标志物。每到一个标志物，她就会告诉自己：我已经完成多少了，我还剩下多远就要完成了。因为这次横渡海峡每一步都有了目标，所以，费罗伦斯顺利地完成了横渡海峡的壮举——她不但是第一位游过卡塔林纳海峡的女性，而且比男子的纪录还快了大约两个小时。

大多数人都对无法判断的过去和无法预知的未来有一种恐惧感，这就是为什么一个没有被分割的长期计划会给人们带来压力的原因。虽然你已经付出了很多，但由于没有参照物，没有比较，导致你不知道过去所做的一切是否有效，当你对过去的表现没有底气的时候，你就会对未来更感恐惧，更没有信心。

第二，阶段性计划可以让人们很好地检验过去一段工作的成绩。通过对工作进行阶段性的检查总结，人们可以发现工作中的失误与漏洞，而且，团队选择的路线有时候并不一定是达到目标的最佳路线，甚至于是一条完全错误的路线。通过阶段性计划，这种错误可以被及时发现并纠正。

第三，无论是作为一个企业还是一个团队，生存是第一位的。如果生存都有问题，那么无论你有多么伟大的远期计划，都只是一纸空谈。只有活好当下，你才能有机会把握未来。

案例

"索尼克免下车连锁餐厅"在美国30个州有3000家分店，在快餐业中具有最高的顾客回头率。在过去的10年中，其平均营业收入增长率是23.09%。

按照过去10年的财务业绩，索尼克是文化、创新和效率的典范。有人追问该公司的CEO克利夫·哈德森：为什么不在每个州都开设分店？为什么开设3000家分店而不是10 000家？

"我们不缺钱，原则上可以发展得更快些，"他说，"但是如果我们没有注意把每天的事情都做好，那么长期的发展计划就没有任何意义。对我们来说，更重要的是以能够赢利的方式发展，保证所有的合伙人都干得不错并尊重我们的品牌，同时培养适当类型的团队成员，从而我们可以继续发展，并且明智地在那些最赚钱的地方发展新分店。"

毫无疑问，正是这种先把当前的事情做好的思维方式，决定了索尼克连续十多年惊人的营业收入增长率。当然，这并不说明索尼克没有长期战略，恰恰相反的是，索尼克一直都有长期战略，而且曾经有过很多伟大的目标。

在索尼克的前40年，像许多其他公司一样，它也面临着错综复杂的问题：由于公司发展太快，公司合伙人有无数"宏伟的计划"，与此同时，一个个好的想法和创新却被埋没；人们在想象明天的回报方面所花的时间，比在思考今天的具体情况方面所花的时间多得多。

假如没有哈德森后来的当机立断，将那些整天沉溺于制定"宏伟计划"的合伙人一一辞退，索尼克就不会有后来的辉煌成绩。

相同的案例是，美国达特食品公司同样也因为这种先把当前的事情做好的思维方式，而取得了快速的发展。

案例

1982年，达特食品公司在哥伦布骑士礼堂的一间会议室里举行了首次全国销售会议，参加会议的一共有6人。"我们连一个会议室都没有，"CEO帕特·特雷西说，"所以在会议开始时，我们没有其他地方可以举行会议。"他回忆道："我在一个活动挂图上写下了100万美元这个数字，而在整个会议期间没有提到这个数字。最后，在会议结束时，有人问，'那个数字是什么意思？'我告诉大家如果认真经营并且干好，将来有一天我们会达到那个数目。"

达特食品公司在6年时间内就突破了100万美元，然后大家问特雷西下一个数目是多少，他又说出了另一个数目：10亿美元。这家公司12年后在2000年实现了那个目标，并且早就开始朝着收入20亿美元这个目标迈进。"当然我们还想达到其他更大的数目，"特雷西说，"如果我们管好自己的事情并且干好的话，我们将来会有一天实现这些目标的。但是我们从来没有真正说过我们的目标是这个数目或者那个数目。"他把有关这个话题最重要的看法留在了最后："数量是虚荣，利润是理智，而我们对理智的兴趣要远远大于对虚荣的兴趣。"

对特雷西来说，如果距离下一个目标很远，他会等待而且会以最高的效率运转，不会为了控制可能永远也不会实现的销售量而投入资源建设有关设施。

这并不是说特雷西不重视长期目标。在他看来，达特食品公司既要以能够赢利的方式发展，还不能采取任何可能会危及长期赢利能力的措施。可见，特雷西真正坚持的是"做好当下，兼顾未来"的经营理念。

另外一家公司，赛仕公司的执行总裁吉姆·古德奈特从来不制定5年计划，他认为："在技术行业，一切都变化得非常快。如果你固守5年计划，那么等到计划完成时，你的产品早就过时了。试想一下，如果我们对万维网或者无线技术置之不理，那就等于自杀。"

赛仕公司的另一位高管柯林斯也有同感："我们的公司之所以发展得不错，其中的原因之一就是我们没有死抱着计划不放，而是坚持做好自己的事情并且竭尽全力干好。我们从来没有为了获得市场份额而去做疯狂的事情或做些勉强的事情。我们首先搞好自己的核心业务，然后再慢慢探索其他领域。如果我们受到束缚，必须要实现一个固定的5年计划，那么我们就丧失了创新意识、对顾客的承诺以及我们的竞争优势。"

这就是那些成功企业实现长远目标的技巧。他们关注将来，更重视现在。对团队而言，通过集中精力完成重要的短期目标，同时密切关注长期计划，同样是实现其最终目标的最佳途径。

第四节　"抠门"老板是如何让员工卖力工作的

让员工拿最低的工资，然后干最多的活，这大约是每个当老板的人内心最渴望的事情。遗憾的是，这样的"好事"只能是一厢情愿，天底下就没有几个老板能实施这一想法。

马云是个例外。阿里巴巴上市之前，马云对员工是很"抠"的，这一点，从创业之初只给大家发500元钱的工资就可以看出。

事实上，阿里巴巴上市之前，其员工的薪酬普遍低于行业平均水平，几乎所有进入阿里巴巴的员工，其收入都会比原来的收入减少许多。且不说吴炯、蔡崇信这种国外公司的职业经理人，就是普通的员工，进入阿里巴巴后，收入从八九千元降到两三千元也是常事。

虽然收入不高，阿里巴巴员工的工作激情却非常高。在某种程度上甚至可以说，他们比那些在其他公司拿高工资的人们干劲更大，更卖力，也更有激情。

有人对阿里巴巴的这一现象进行过研究，最后分析认为是阿里巴巴快乐的工作环境吸引了大家，让大家能够在待遇不高的情况下也能卖力地为公司工作。

快乐的工作环境对吸引人才、留住人才确实有很大的好处，但仅仅有快乐的工作环境，并不能完全保证员工十二分卖力地工作。毕竟，待遇对普通员工来说，是一个很现实的生存问题。所以，阿里巴巴的员工待遇不高却还能卖力工作，并不完全是工作环境的原因。

真正的答案藏在马云的用人理念里。国内网站刚刚兴起时，网络公司几乎毫无例外地靠高薪挖人，但马云坚持认为，光靠高薪挖不来最好的人才，人才的聚集要靠事业的感召力，靠企业灵魂人物的人格魅力。所以，当网络公司纷纷以房子、期权加高薪招人时，当众多网站纷纷把月薪炒到8000元、10 000元时，马云却始终坚持在阿里巴巴实行低薪策略。

马云如何让员工感受到阿里巴巴的事业感召力？除了相关的企业文化建设，他做得最多的就是不断地给员工进行精神洗礼。他会对新来的员工说："我唯一能许诺的是四年人间疾苦，委屈，不理解，难以沟通，失败的努力，那才是你们真正的财富。股权？也许你们的主管给了你们一大把，那是假的，骗人的。"

这些话很容易让那些自认为很能干，在别的公司可以得到更高待遇、更高职位、更多股权的人走掉。但马云不在乎，他要的就是那种能够认可阿里巴巴价值观的人，而不是冲着上市来的人。

马云得到了他想要的。用他的话说就是，那些"自认不是很聪明的人留了下来"。其实，留下来的人并不是不聪明，而是相比那些走掉的"聪明人"，留下来的人更踏实，更稳健，更乐意为事业奋斗而不仅仅是为钱工作。

当然，马云也不是一味地给大家泼冷水，他在给大家泼冷水的同时，也会不断地对大家进行精神激励。他说："我们没有办法，必须边跑边干，我不承诺你发财，不承诺你升官，你在这个公司里面有很多的磨难、委屈、不爽、呻吟，这是我的承诺，经历过这一切以后你才知道怎么样才能打造伟大、坚强、勇敢的公司。"

这是标准的事业激励、精神激励法。这种激励方法有没有用？有用，但前提是你必须让员工感受到公司美好的未来。如果公司老板一边说着这种"以事业为人生目标"的话，一边却处处流露出"小业主"的经营思维，言行不一，那么即便你说得天花乱坠，员工也不会被你的话打动。

马云在"抠门"的同时还能让员工卖力工作，关键就在于他让大家看到了阿里巴巴美好的未来，他的一切行为，也都始终表现出是在打造一家伟大的公司。

精神激励总是高于物质激励。无数的研究已经证明，物质激励并不能维持一个人的工作热情，只有不断地精神激励，才能让人们保持高昂的奋斗激情。但是，精神激励要想发挥效果，你就必须学会怎么说话。话说不好，你不但达不到激励的效果，还会落下一个"抠门老板"的称号。

马云在一些事上"很抠"，但没人会说他"抠门"，为什么？因为马云懂得说话的技巧，他可以把一件本来会破坏公司形象的事情，转化成为公司增光、为员工着想的事情。以每个公司都会碰到的福利为例，马云是这么说的：

"我们要勤俭节约。所以我跟大家讲，我们各个部门、公司，请不要把我们的公司搞成一个高福利公司，我们不是一个高福利公司，我们不想成为高福利公司。很多公司是所谓高福利，今天发这个，明天发那个，特土，一到儿童节发儿童产品，国庆节发国庆产品，发月饼，反正各种各样的东西都发出来。"

"这个不是好事情，反而把我们的品位搞坏。这就是我的看法，真正好的公司不玩这些。每个人要记住，今后每个月、每个季度有盈利，这个影响到的股票的差价，够你买十套房子。"

本来不发福利是一件不受员工欢迎的事情，马云却将之与"好公司"的标准联系了起来，这就为他提出的"勤俭节约"找到了一个正当而且高尚的理由。不过，仅仅用"真正的好公司不玩这些"来为自己的不发福利辩解，显然还不具有说服力，甚至会引起员工的反感，认为公司太抠门。所以，马云又提到了股票的差价够买十套房子的话。这样一来，员工不但能够接受他的解释，还能够更加卖力地工作。因为"十套房子"的诱惑力，明显要大于小小的一点福利。

2007年，阿里巴巴上市前夕，为了不让大家有暴发户的心态，也为了让大家能够继续努力工作，马云很是费了一番口舌来激励员工：

"我跟大家说，如果你们有三四百万、两三千万的收入，想拿这点钱做投资，你们去看看，中国有哪几家公司的业绩、行业、团队激情能跟阿里巴巴比，从组织、价值观、使命感来看，你能找到像阿里巴巴一样的公司吗？很少。你把这几百万投资其他公司的股票会很惨，这个是你没有办法控制的，只有自己的公司才是最好的股票，阿里巴巴的股票是最好的……"

"要投资股票，今天在全世界我就选择阿里巴巴。我们这帮人能掌握它的未来……"

如果你是阿里巴巴的员工，听了这番话，你会不会继续持有阿里巴巴的股票？相信你一定会的，因为"我们这帮人能掌握它的未来"；而一旦你继续持有了阿里巴巴的股票，你就不得不更加卖力地工作，因为公司的业绩关系到股票的价格，而股票的价格又关系到你的切身利益。

马云真的像一剂毒药，总能说出一些话来打动你。当然，马云之所以能做到这一点，和他真诚地对待员工脱不了关系。他始终追求与员工之间做真诚的交流，他曾经在演讲的时候说："你可以不说，但如果你要说，一定要说真话。"

马云曾经讲过一个故事：他有一次去朋友的一家公司，发现中午的时候公司的员工都在午休，他觉得这个老总很关心员工的健康。这个老总却笑着说："我哪里是关心他们啊，我这是为了省电。所以就骗他们，强制他们中午休息两个小时，可以节约不少电。"当时马云就觉得这个公司活不了很长时间，如果这种小事都不跟员工讲明，像防贼一样防着员工，员工又怎样对公司全力以赴呢？果然如马云所料，这家公司很快就倒闭了。

从两件小事就可以看出马云对员工的真诚。第一件事是，有一位女员工，还在一线工作时，马云从来没有和她交流过。但是，有一天马云从她身边经过时，竟然叫出了她的名字，还问了她的工作情况。这让那位女员工非常激动，结果在接下来的整整三个月时间里，她除了睡觉全是在工作。很快，她就做到了第一！

另外一件事是，还在第二次创业的时候，离发工资不到三天，公司账上却只有2000多元钱，而工资要发8000多元钱，马云并没有隐藏这种情况，他当面告诉了员工这种情况。马云真诚的态度得到了员工的理解。员工告诉马云：就算两个月不发工资，我们也跟你干下去。虽然最后马云还是发了工资，可这种真诚相待的方式保存了下来。

正是由于马云对员工的真诚相待，员工才会以积极的工作态度回报马云。阿里巴巴能成为一个富有战斗力的团队，和这也有很大关系。

Chapter 7

第七章

用路演技巧致富的秘诀——商业演讲

美国著名的演讲理论家、成人教育家戴尔·卡耐基有一句话是这样说的："一个人的成功大约有百分之十五取决于知识和技术，百分之八十五取决于人类工程——发表自己意见的能力和激发他人热忱的能力。"这里所提到的"百分之八十五"的能力，其实就是指语言表达的能力，简单地说就是口才。

第一节　让商业演讲实现致富的八大法则

1. 要成为与众不同的人

市场营销是思想观念的竞争。你要想成功，就必须有自己独特的思想或特征，并以此为中心做出营销努力。如果没有这些的话，你就只好有低的价格，非常低的价格。比如，沃尔玛——天天低价。"低价"就是沃尔玛区别于其他竞争对手的属性。

牙膏有多少种属性，有防蛀的，有洁白的，有口气清新的……，每一种属性都有其对应的品牌。比如，高露洁拥有"防蛀"这个词，而黑人牙膏强调"洁白"，以及后来出现的田七，它强调的是"中药成分"，等等。

牙膏的多种属性使其产生了多个品牌，洗发水亦如此。只要你能找到自己独特的属性，并以此为中心展开营销，那么你就有可能获得成功。海飞丝去头皮屑，如果你再做一个去头皮屑的牌子，就不能赢过海飞丝了，因为它已经有这个属性，而且是领导品牌了，去头皮屑的领导品牌是海飞丝。如果你还想做洗发水，怎么办？你可以做柔顺的，于是柔顺专家的洗发水诞生了——飘柔。飘柔成了具有柔顺属性的洗发水领导品牌。这时，你还想做洗发水，怎么办？那你要再找到新的属性，比如沙宣——造型大师，潘婷——讲营养护发，中药世家霸王——乌黑亮丽首乌，等等。

一个简单的事实，即一种特征一旦成功地为你的竞争者所拥有，便一去而不可得了。你必须转向另一种次重要的特征，并在该类产品中占有一席之地。你的任务在于抓住一种独特的特征，并戏剧性地宣传这一特征的价值，进而提高你的市场份额。麦当劳的属性快速，还有儿童快乐的世界。

我们再来看看成龙。当年成龙已是功夫喜剧王，他不用靠特技表演，不用替身从香港红到全世界。当年美国的史泰龙，在美国好莱坞大红大紫的时候，他曾经通过媒体直问成龙："你亲自跳山跳海，你亲自撞车打架，不用替身太辛苦。"

"你学学我们好莱坞吧，我们好莱坞用电脑特技来处理所有的高难度动作，你不用替身，亲自上阵落伍了。"史泰龙讲了这些话之后，成龙通过媒体回应："我成龙之所以红，就是因为我强调不用替身，亲自上阵，如果我用电脑特效拍电影，就不是成龙了，我坚决不用电脑特效。"

当年成龙在最红的时候，这是他的属性。成龙后来在好莱坞发展，拍了一些电影，像《80天环游世界》。据说当年票房惨得不得了。为什么有"功夫之王"之称的成龙主演还会失败呢？因为成龙在好莱坞拍的这部电影里面的许多动作场面用到了特技，可是观众并不喜欢看到这样的成龙。观众之所以喜欢成龙演的电影，是因为任何动作场面，他都是亲自上阵，不用替身，无论是上山、下海、撞车、跳河，还是打架，他都是"真枪实战"。

成龙的事业曾一度跌到了谷底。一个属性转变造成他的失败，接着怎么办？成龙马上意识到了，于是他立刻转型回到香港。当他再度找回原来的属性，亲自上阵去拼命的时候，观众又接受他了，成龙演的电影再度票房上升，到达最佳状态。

直到今天，成龙"功夫之王"的地位依旧稳固。所以，不要失焦，不要偏离焦点，当一个属性成功的时候，你就要占有这个属性，这是你与众不同的核心。

2. 与第一品牌对着干

可口可乐是具有百年历史的第一品牌。只有7个人知道可口可乐的配方。根据"与第五品牌对着干"的法则，百事可乐提出了面向年轻一代的可乐饮料，声称这是新一代的可乐，并因此成为第二品牌。

对于任何类型的市场来说，总是有一些顾客希望购买第一品牌的产品，也总有一些顾客不希望购买第一品牌的产品。作为希望成为第二品牌的公司，就需要以后者作为市场策略的主要诉求对象。因此，如果百事可乐能够吸引到所有的年轻人选择百事，那么还有谁会去喝皇冠可乐呢？

记住，市场上永远只有两种人：第一种是想购买领导品牌的人，第二种是不想购买领导品牌的人。

简单地说，市场中同一品类的顾客会分成两个群体：一个群体倾向于选择领导者，另一个群体则不愿意选择领导者，并且通常选择与领导者对立的产品。处于品类第二位的品牌获得了成功，甚至战胜领导者，毫无例外都是因为第二位品牌使用了"做对立面"的战略。

在麦当劳的中国餐厅里面，也在卖像肯德基那样的炸鸡翅，它想抢占鸡肉的市场，因为肯德基在中国鸡肉销售量实在太大，中国人对鸡肉的需求量实在太大了。

麦当劳做炸鸡翅了，它做的鸡翅跟肯德基很像，但比肯德基更辣，口味更辣。针对这一个产品，它提出和肯德基相对的属性，而肯德基在前几年，在麦当劳卖炸鸡翅卖得红火的时候打出了广告。

肯德基推出香辣鸡翅，它们宣传的是，"辣得刚刚好"。什么意思？就是告诉你说，麦当劳的鸡翅太辣了，而肯德基辣味刚刚好。

你要懂得把别人的强势转化为弱势，把自己的弱势转化为强势，全球通强调什么？覆盖面广，移动通信的领导品牌，成功人士的选择！

3. 成为第一人

第一个采用直销方式卖电脑的是谁？戴尔！那么第二个呢？

第一个推出Gmail的是谁？Google！那么第二个是谁？

第一位只身飞越大西洋的飞行员是谁？查尔斯·林德伯格！那么第二位是谁呢？

上面的第一个问题，相信大家都能不假思索地回答出来，但是对第二个呢？恐怕很多人绞尽脑汁甚至都想不出来！

为什么会这样呢？

因为在任何产品类别中，领先的品牌几乎总是那些最先进入顾客心目中的商标。如第一个做可乐的可口可乐，世界上第一个办公系统Windows，世界上第一个做剃须刀的是吉列，世界上第一包口香糖叫绿箭，不用调料的羊肉火锅第一家是小肥羊，等等，这就是所谓的领先法则。也就是说大家一般都会把注意力放在排在第一位的东西上。领先法则告诉我们，一个企业想做好做大，一定要在某个方面有特色或领先。

"创造第一"是行销的首要任务，也是企业做大做强的关键所在。这是市场行销中最重要也是最有效的法则，但是不少商人固执地认为，只有提供更好的产品或服务，才能成为市场第一。如果你也有这样的看法，你就违反了"第一"的品牌战略法则，你也将面临顾客如下的挑战。

如果你强调你的产品比第一品牌的品质好，顾客就会认为，你是在模仿这个第一品牌，你只是这个品牌的跟随者，所以你不要说你的产品更好，顾客是不会相信你的产品真的会比第一品牌更好的。如果市场上同类产品已经有了"第一"，而你还一再强调你"更好"，你只会遭到顾客诸如此类的反驳：既然你的汉堡那么好，为什么你不是麦当劳；既然你的炸鸡那么好，为什么你不是肯德基；如果你的口香糖有那么好，为什么绿箭是第一品牌……

你的产品品质再好也没有用。品质是误区，顾客是通过品牌判断品质。谁的汉堡包最好？他们会认为：麦当劳。谁的可乐应该比较好？他们会认为：可口可乐。谁的炸鸡做得比较好？他们会认为：肯德基。

为什么顾客会这样认为呢？因为它们是那个行业的"第一"。就算你做得真的比别人好，别人也不会相信；你再怎么说品质优良，别人都会反驳你：为什么你不是第一品牌？

这个大脑逻辑是顾客的逻辑，你要顺应顾客大脑里的逻辑，你不要宣传品质优良，而是要努力使自己成为第一品牌，别人自然就会觉得你的产品好。但如果是你一再强调自己的产品品质好，别人会说你是老王卖瓜，因此所有关于品质的宣传都会被人认为是虚假的。

有一首歌叫《冬天里的一把火》，是谁唱的？是高凌风，在台湾地区他被称为"青蛙王子"。可是另外一个歌手叫费翔，当年打破禁忌，以美国归国华侨的身份出现在中央电视台，唱着这首《冬天里的一把火》。几乎所有的中国人都以为这首歌的原唱就是费翔；而真正的"青蛙王子"，却人无晓。这就是所谓的领先法则。只要你第一个出现在某一个市场上，别人定位的印象就会先放在你的身上。

这就是先下手为强，先做先赢，因为顾客会认为，你最先做的就是专家，最早做的就是这个品牌的领导者。

如果你是后来才进入这个品类，顾客认为你是在模仿他人。在某一个市场里，只要你是第一家，第一人，第一个推出这个产品的品牌，通常到最后都会成为这个领域的大赢家。

很多人去说服别人，他的产品比竞争对手更好，其实都是错误的做法，与其诉求某一个产品，与其诉求你的产品品质更好，不如诉求你是第一个进入这个市场。因为市场营销实际上是概念之间的竞争，而不是产品之间的竞争。IBM是世界上最早做个人电脑的公司，汰渍是世界上第一个做洗衣粉、清洁剂的公司，可口可乐是世界第一家做可乐的公司，并且它们都是当今的领先产品。

4. 创造新类别

在上面的问题中，我们很容易就说出谁是第一个飞越大西洋的人，但可能很难说出第二个是谁，第三个飞越大西洋的人呢？

人们通常会想：如果连第二个人都不知道，更加无从知道第三个人了。但事实上，很多人对第三人阿米莉亚·艾尔哈特并不陌生。她就是第三个飞越大西洋的人，她之所以闻名世界，世人之所以记住她，并非因为她是第三个，而是因为她是第一个飞越大西洋的女性。

由此可见，你永远可以找到一个新类别进去当第一人。

举例来看，在IBM在计算机市场上占据第一的位置后，大量的公司进入了这个市场，如Honeywell、NCR、RCA、Sperry、the Seven Dwarfs等。但是，许多公司并非努力成为"世界上的第二大计算机公司"，而是在计算机市场中创建了一些新的类别，使得它们能够在新的类别市场上成为第一。比如IBM虽然是计算机中的第一，DEC却在微型计算机市场上是第一；Tandem在容错计算机市场上是第一；Stratus成为第一个容错微型计算机的公司。

当然还有其他方式来创造一个新的市场类别。比如戴尔，是在计算机市场上，第一个使用电话销售方式的计算机公司；《利尔》不是第一本妇女杂志，但是第一本面向成熟女性的杂志。

类别法则适合任何行业，也适合任何想成功的人。人和产品一样要靠行销才能成功。

请问，说到中国功夫，你会想到谁？李小龙。李小龙是"中国功夫"的代名词，红遍海内外，全球华人无人不知，无人不晓，甚至外国人都非常崇拜李小龙。

当年成龙只可以在李小龙身边演一个小配角，默默无闻，甚至只能当临时演员，他红不起来，为什么？因为李小龙已经成为中国功夫第一人，他再能打也很难超越李小龙了。

李小龙去世了。成龙梦想要超越李小龙，开始出来演男主角，从配角变成男主角，但是并没有红到好莱坞。影片在好莱坞播放的时候，别人把他当成是李小龙的代替品，因为李小龙死了，所以我们只好看一下成龙，但是没有多少人愿意看，更没有获得多少的认可。

在接受采访的时候，成龙说，他的电影画报上将"李小龙"这三个字写得很大，但是在"李小龙"三个大字的后面有一行小字——接班人成龙，只有这样才有可能将自己行销出去。这是当时的片商想到的宣传手法，但是失败了。

成龙成为了李小龙第二，红不起来，默默无闻，有一天他的经纪人告诉他："成龙，'第一'胜过'更好'，李小龙是第一个，你就是比他更好都没有用。'不同'胜过'更好'，你不如强调你的不同，找出你的不同点吧。"

成龙决定要运用类别法则，创造一个新类别成为第一人，不要成为李小龙这个类别第二人。结果，成龙发现，打斗的时候，李小龙喜欢尖叫，成龙就决定在电影里面不要模仿李小龙尖叫，但打架不能不叫，他只好在挨打的时候叫痛。

因为李小龙的尖叫显得他高大威猛，结果把敌人完全吓跑了，而成龙是挨打的时候叫痛，完全相反。李小龙喜欢飞踢，成龙在电影里面绝不飞踢，蹲下来踢别人腰部一下；李小龙喜欢演民族英雄，成龙就喜欢演市井小民，走在街上，被坏人冤枉，为救女朋友只好打死坏人，成为大英雄。有没有看过成龙这样的电影呢？

后来，他运用特技，穿上衣服（李小龙喜欢赤膊）表演特技撞车、撞山、跳海、跳楼，甚至发展成功夫喜剧，已经跳出李小龙创造的风格，跟李小龙已经不同类别了。最终，他成为了功夫喜剧第一人。

他运用类别法则，同样红遍好莱坞。当年所有人说，李小龙是中国功夫，但现在不同，除了有以前的李小龙之外，还有现在的成龙。

我们再来看另外一个功夫巨星李连杰，李连杰有没有大红大紫，红到海内外，红到好莱坞？有。为什么？因为李连杰的打斗方式跟成龙不一样，跟李小龙也不一样，他是中国武术冠军，连续五年。

他的打斗姿势是真功夫，所以大家耳目一新，跟李小龙不同，跟成龙不同，所以一下子成为全球华人甚至老外眼中另一个功夫巨星，另一种功夫套路，另一种功夫类别。同样是功夫，但是套路不同，李连杰也成为了功夫巨星，跟成龙合演功夫之王。

为什么？因为两个都是第一品牌，不同类别的第一。类别法则告诉我们，永远找到类别法则做第一个，而不要在别人后面当第二个。

5. 焦点集中

假如今天有一个医生对你说，我什么科都懂，我懂脑科、内科、小儿科、妇科，总之有病找我就对了。如果你去看病遇到这样的医生，你会怎么想？你会怀疑这个人不会是真正的好医生。其实理由很简单，如果头疼了，你就会想找脑科，胃痛想到肠胃内科，骨折想找骨科，小孩生病想找儿科，妇女生病想找妇科，对不对？

人们相信专家，长期来讲，最终的赢家是那些懂得聚集的人，虽然短期来讲，多元化会让你获得利益。

所以你要记住，对于那些短期效果很好但从长远来看会造成衰退的策略、计划，那就特别小心、谨慎地使用了；而对于那些短期效果不好但只要你坚持长期使用反而效果会增长的策略，你一定要学会它。

康师傅品牌本来是方便面，后来他们认为方便面卖得那么好，一定在食品领域多卖一些产品更有竞争力。康师傅既然是名牌，应该把康师傅的名字放在饼干上，又放在其他东西上，结果造成衰退。

为什么呢？因为原有的形象变模糊了。有一天我说帮我买康泰克，你会买感冒药；帮我买邦迪，你会买创可贴；帮我买一杯星巴克，你会买咖啡；要是我说帮我买一包康师傅，你会买方便面还是饼干，还是买纯净水呢？

康师傅的品牌力量被自己的品牌延伸给削弱了，龙头老大的位置就会拱手让人了。让给谁？让给专业做这个产品的人。

如果有一天可口可乐出品可口可乐牌电冰箱、可口牌方便面、可口牌牛奶、可口牌巧克力，我说帮我去买可乐，你可能买百事可乐了。为什么？因为百事可乐聚焦，你不会联想到可口可乐了。

怎么办？我们不是不能进入新行业，而是要用新的品牌进入，品牌延伸短期可能会提高营业额，但长期一定会使营业额下降。所以，从长期来讲，要在市场立于不败之地，还是要焦点集中。

6. 选出一个基本需求，而不是特别的操作方法

你不要成为某一个美白用品的专家，那个美白用品叫作操作方法，你要成为带给别人亮丽皮肤的专家；你不要成为帮助别人用好这个保健品器材或者吃好这个保健品的专家，你要成为为别人降低保健成本、提升生命质量的专家；你不要当某一个服装品牌的专家，你要做教别人穿

出美丽、穿出气质、穿出成功、穿出自信的专家。

记住，某一个操作方式会过时，但人们的需求是不会过时的。所以你别说你的公司是唱片公司，因为唱片会随着数码科技和互联网的发展而被淘汰。根据这个法则，你觉得你应该如何给你的公司定位呢？你可以说，你要成为洗涤他人灵魂的企业家，或者带给人们最好音乐的企业家。因此，我们在创办创富机构时，就不是把它定位为提供培训讲座的企业，而是帮助他人实现财务自由的企业。帮助他人实现这个结果的方式有多种，比如举办讲座、拍光碟、写书。只要我是专门帮你得到某一个结果的，任何能达成这个结果的方法我都可以提供。如果柯达和富士都说它们是胶卷专家，很可能它们现在也倒闭了。因为随着时代的变迁和科技的发展，胶卷会被其他介质取代。如今，柯达和富士还在市场中占有一席之地，是因为它们宣称的是给别人带来美好回忆的专家，帮助别人在照相方面得到美好经验的专家。

综上所述，你要集中去满足某一个需求，而不是只提供一种方法、一种产品。尽管大家不知道你是谁，但他们知道你一定在提供给别人一个结果。当那个结果的专家，你是那个需求的供应者，那个解决问题的专家，而不是生产那个产品，也不是卖某一个产品。

7. 选择小众的销售对象

你想要赚全世界每一个人的钱是不可能的，你只能赚一种人的钱，你要找到那一个目标市场，而牺牲掉其他的目标市场。目标市场越单一，市场占有率反而更大。我们来看一下万宝路的香烟，万宝路的香烟一直以来打广告的形象都是"牛仔"。

西部牛仔吗？世界上哪里还有牛仔呢？他想卖给牛仔，世界上已经没牛仔了，但万宝路是世界上最畅销的香烟。

竟然卖给不存在的人，怎么会这样呢？为什么目标越窄，市场占有率越大？原因很简单，你诉求的是一种形象，是一种阳刚之美，牛仔已经不存在，但它是一种帅性，是一种性格。

所以抽万宝路的人不是牛仔，是什么人都有，因为他们很想有性格，有个性，有阳刚之气，所以他们统统都抽万宝路了。

说到了万宝路，我们不得不提另一个香烟牌子——红河。红河卷烟厂依靠聚集红河这个品牌，并聚集于3~10元的中低香烟市场，而获得了巨大的成功，红河很快成为国内香烟销量最大的三大品牌之一。此后，红河不再满足于低端市场，它先后推出了价格超过70元的多种产品，这些无一例外地以失败而告终，同时也使红河丧失成为"中国万宝路"的绝好机会。

记住：选择小众的销售对象，市场占有率反而最大。

8. 为别人解决问题

面对顾客，你首先要去研究他们最大的问题是什么，然后找出最好的解决方案。请记住，在演讲中你一定要提供给别人解决问题的方法，一定要提供给别人如何去做的技巧。顾客会付钱给你，只有两个原因：第一是追求快乐，第二是逃离痛苦。逃离痛苦的力量远比追求快乐的力量强大，所以你不仅要告诉别人跟你做生意有什么好处，跟你合作可以得到什么快乐，更要强调，如果没有你，他的问题有多大、有多难解决，最后他可能付出比现在跟你做生意大N倍的代价。

当你把一个人的痛苦点找出来后，相信任何人都愿意现在花一点小钱来解决大问题，而不会为了现在能省一点小钱使未来造成大损失。所以，你要做一个善于为别人解决问题的演讲者，这样你的演讲才能为你带来财富；而让顾客跟你做生意的方式就是，要会挖掘别人的问题，扩大别人的问题，更要会解决别人的问题

第二节 宣传加定价让你领跑致富第一线

1. 宣传，宣传，再宣传

如果做到以上八点，是不是就意味着成功呢？你做到了，并不代表大家都知道了，这时你还要宣传。无论你是某领域的专家，还是第一人，你都要在公开场合大力宣传，才能让更多的人知道你。或许有人认为，他有本事、技术、能力，能生产出质量上乘的产品来，所以他不需要任何宣传，都能将个人或者产品卖出。

其实，这是错误的想法。正所谓酒香也怕巷子深。最好的产品加上最有效的宣传，才会有最畅销的结果。像成龙这样的巨星，他拍的电影不需要宣传吗？当然需要。如果不宣传他的电影就不卖座，因为大家不知道他拍了什么电影。请问，张艺谋拍的电影是最好看的吗？不一定，但他绝对是中国最赚钱的导演之一。

为什么？因为张艺谋善于宣传，宣传，再宣传。鸡蛋比鸭蛋营养价值高？事实并非如此，但它绝对比鸭蛋畅销。我们更知道，鸡生蛋的影响力远远大于鸭生蛋的影响力，为什么？因为鸡生完蛋会叫，而鸭不会，所以人们都会注意到它。

鸡生蛋了，却没有注意到鸭也生蛋了。这也是宣传，宣传，再宣传的结果。如果你希望所有的人都认识你，就要学会这一招。宣传的途径有很多种，你可以在杂志登广告，在报纸发软文，举办商业演讲，等等。总之，尽一切可能把你刚刚做好的专家定位销售出去，宣传出去。

2. 你是不是决定价格的那个人

只要你做到了前面的几点，你就拥有了定价权。因为你在为他解决问题，你是这个领域中顶尖的人，你是他唯一的选择，你是某个行业的第一人，当你做到这种程度的时候，你就有能力决定价格了。

反过来说，如果顾客有很多选择的时候，价格就是由很多人来决定了。在这种情况下，为了赢得顾客，你还要降低价格，可是顾客仍会说你的产品比别人的价格高。工作也是一样，如果你是某个职位的唯一人选，那么你就是那个决定薪水的人。但如果你所做的事是人人可以做到的，那么就是老板决定你的薪水了。

由此可见，对价格拥有决定权的人，他就可获取高利润，可以赚取到他想赚取的财富。

无论你从事哪个行业，只要你能按照上述要求来经营你的事业，你的生活就会如魔术般发生改变。它们可以帮助你一两年内，甚至半年内，实现收入30%～50%的增长，甚至可能是100%。这就是演讲致富的秘诀。

第三节　世界一流的商业路演演讲稿

如何拥有总统级的演讲口才，如何拥有世界一流企业家的演讲水平？下面将为你展示世界一流的演讲稿，并运用商业演讲的技巧和方法对其进行深度分析，让你做到学以致用。

为何要跟名人学演讲？美国总统多是激励大师，而作为企业的管理者也需要学会激励。世界上任何成功的总裁都是懂得激励性演讲的人，比尔·盖茨就是其中之一。

为什么要展现美国总统和比尔·盖茨的演讲稿呢？因为他们都是世界第一。从此，你学会演讲的风范、技巧，让你的企业也能够被你带到新的高峰。

1. 比尔·盖茨的毕业演讲

下面是比尔·盖茨离开母校哈佛30年后的毕业演讲。

案例

有一句话我等了三十年,现在终于可以说了:"老爸,我总是跟你说,我会回来拿到我的学位的!"(这是他的开场白,既幽默又激励人心。)

我要感谢哈佛大学在这个时候给我这个荣誉。明年,我就要换工作了,……我终于可以在简历上写我有一个本科学位,这真是不错啊。(作为世界最成功的人士之一,这是谦虚之词。)

我为今天在座的各位同学感到高兴,你们拿到学位可比我简单多了。哈佛的校报称我是"哈佛大学历史上最成功的辍学生",我想这大概使我有资格代表我这一类学生发言。……在所有的失败者里,我做得最好。(这是对自己的肯定,同样不乏幽默和自信。)

但是,我还要提醒大家,我使得斯特夫·鲍尔莫(Steve Ballmer)也从哈佛商学院退学了。因此,我是个有恶劣影响力的人,这就是为什么我被邀请来在你们的毕业典礼上演讲。如果我在你们入学欢迎仪式上演讲,那么能够坚持到今天在这里毕业的人也许会少得多吧。(自豪加谦虚的态度。)

对我来说,哈佛的求学经历是一段非凡的经历。校园生活很有趣,我常去旁听我没有选修的课。哈佛的课外生活也很棒,我在英国的拉德克里夫(Radcliffe)过着逍遥自在的日子。每天我的寝室里总有很多人一直待到半夜,讨论着各种事情,因为每个人都知道我从不考虑第二天早起。这使得我变成了校园里那些不安分学生的头头,我们互相黏在一起，做出一种拒绝所有正常学生的姿态。

拉德克里夫是个过日子的好地方，那里的女生比男生多，而且大多数男生都是理工科的。这种状况为我创造了最好的机会，如果你们明白我的意思。可惜的是，我正是在这里学到了人生中悲伤的一课：机会大，并不等于你就会成功。

我在哈佛最难忘的回忆之一发生在1975年1月。那时，我从宿舍楼里给位于阿尔伯克基（Albuquerque）的一家公司打了一个电话，那家公司已经着手制造世界上第一台个人电脑，我提出想向他们出售软件。

我很担心，他们会发觉我是一个住在宿舍的学生从而挂断电话，但是他们却说："我们还没准备好，一个月后你再来找我们吧。"这是个好消息，因为那时软件还根本没有写出来呢。就是从那个时候起，我夜以继日地在这个小小的课外项目上工作，这导致了我学生生活的结束，以及通往微软公司的不平凡旅程的开始。

不管怎样，我对哈佛的回忆主要是与充沛的精力和智力活动有关。哈佛的生活令人愉快，也令人感到压力，有时甚至会感到泄气，但永远充满了挑战性。生活在哈佛是一种吸引人的特殊待遇，……虽然我离开得比较早，但是我在这里的经历、在这里结识的朋友、在这里发展起来的一些想法永远地改变了我。（以上这些都是对哈佛的赞美之词，很给学校面子。）

但是，如果现在严肃地回忆起来，我确实有一个真正的遗憾。

我离开哈佛的时候，根本没有意识到这个世界是多么地不平等。人类在健康、财富和机遇上的不平等大得可怕，它们使得无数的人被迫生活在绝望之中。

我在哈佛学到了很多经济学和政治学的新思想，我也了解了很多科学上的新进展。

但是，人类最大的进步并不来自这些发现，而是来自那些有助于减少人类不平等的发现。不管通过何种手段——民主制度、健全的公共教育体系、高质量的医疗保健，或是广泛的经济机会，减少不平等始终是人类最大的成就。

我离开校园的时候，根本不知道在这个国家里有几百万的年轻人无法获得接受教育的机会，我也不知道发展中国家里有无数的人生活在无法形容的贫穷和疾病之中。

我花了几十年才明白了这些事情。

在座的各位同学，你们是在与我不同的时代来到哈佛的。你们比以前的学生更多地了解世界是怎样的不平等。在你们的哈佛求学过程中，我想你们已经思考过一个问题，那就是在这个新技术加速发展的时代，我们怎样应对这种不平等以及怎样来解决这个问题。（在赞美学校之后，委婉表达了自己的遗憾，但他非常顾及台下听众的感情。这也为下文他真正要讲的内容做好了铺垫。这种高超的语言技巧，值得大家学习。）

为了讨论的方便，请想象一下，假如你每个星期可以捐献一些时间、每个月可以捐献一些钱，你希望这些时间和金钱可以用到对拯救生命和改善人类生活有最大作用的地方，你会选择什么地方？

对梅林达（Melinda）和我来说，这也是我们面临的问题：我们如何能将我们拥有的资源发挥出最大的作用。

在讨论过程中，梅林达和我读到了一篇文章，里面说在那些贫穷的国家，每年有数百万的儿童死于那些在美国早已不成问题的疾病。麻疹、疟疾、肺炎、乙型肝炎、黄热病，还有一种以前我从未听说过的轮状病毒，这些疾病每年导致50万儿童死亡，但是在美国一例死亡病例也没有。

我们被震惊了，我们想，如果几百万儿童正在死亡线上挣扎，而且他们是可以被挽救的，那么世界理应将用药物拯救他们作为头等大事。

但是事实并非如此，那些价格还不到一美元的救命药剂并没有送到他们的手中。（他列举了许多事实，让人们认识到问题的严重性，以引起大家的重视。）

如果你相信每个生命都是平等的，那么当你发现某些生命被挽救了，而另一些生命被放弃了，你会感到无法接受。我们对自己说：事情不可能如此，如果这是真的，那么它理应是我们努力的头等大事。

所以，我们用任何人都会想到的方式开始工作，我们问："这个世界怎么可以眼睁睁看着这些孩子死去？"

答案很简单，也很令人难堪。在市场经济中，拯救儿童是一项没有利润的工作，政府也不会提供补助。这些儿童之所以会死亡，是因为他们的父母在经济上没有实力，在政治上没有能力发出声音。

但是，你们和我在经济上有实力，在政治上能够发出声音。

我们可以让市场更好地为穷人服务，如果我们能够设计出一种更有创新性的资本主义制度——如果我们可以改变市场，让更多的人可以获得利润，或者至少可以维持生活，那么，这就可以帮到那些正在极端不平等的状况中受苦的人们。我们还可以向全世界的政府施压，要求他们将纳税人的钱花到更符合纳税人价值观的地方。

如果我们能够找到这样一种方法，既可以帮到穷人，又可以为商人带来利润，为政治家带来选票，那么我们就找到了一种减少世界性不平等的可持续的发展道路。这个任务是无限的，它不可能被彻底完成，但是任何自觉地解决这个问题的尝试都将会改变这个世界。（他在教你去改善不平等，他在教你救助穷人，教你关心弱势群体，他教你设置新的机制跟体系来照顾这些人。他身为世界首富的确在做这些事，说他所做，做他所说，言行一致，他还在倡导这些大学生做这些事。）

在这个问题上，我是乐观的。但是，我也遇到过一些感到绝望的怀疑主义者，他们说："不平等从人类诞生的第一天就存在，到人类灭亡的最后一天也将存在——因为人类对这个问题根本不在乎。"我完全不能同意这种观点。（他提出了别人的反对意见。）

我相信，问题不是我们不在乎，而是我们不知道怎么做。（开始解除抗拒。）

此刻在这个院子里的所有人，生命中总有这样或那样的时刻，目睹人类的悲剧，感到万分伤心。但是我们什么也没有做，并非我们无动于衷，而是因为我们不知道做什么、怎么做。如果我们知道如何做是有效的，那么我们就会采取行动。

改变世界的阻碍并非是人类的冷漠，而是世界实在太复杂。

为了将关心转变为行动，我们需要找到问题，发现解决问题的方法，评估后果，但是世界的复杂性使得所有这些步骤都难于做到。（演讲的目的就是让听众行动，他开始要求听众行动了。）

即使有了互联网和24小时直播的新闻台，让人们真正发现问题所在，仍然十分困难。当一架飞机坠毁了，官员们会立刻召开新闻发布会，他们承诺进行调查，找到原因，防止将来再次发生类似事故。

但是如果那些官员敢说真话，他们就会说："在今天这一天，全世界所有可以避免的死亡之中，只有0.5%的死者来自这次空难。我们决心尽一切努力，调查这个0.5%的死亡原因。"

显然，更重要的问题不是这次空难，而是其他几百万件可以预防的死亡事件。

我们并没有很多机会了解那些死亡事件，媒体总是报告新闻，几百万人将要死去并非新闻。如果没有人报道，那么这些事件就很容易被忽视；另一方面，即使我们确实目睹了事件本身或者看到了相关报道，我们也很难持续关注这些事件。看着他人受苦是令人痛苦的，何况问题又如此复杂，我们根本不知道如何去帮助他人，所以我们会将脸转过去。

就算我们真正发现了问题所在，也不过是迈出了第一步，接着还有第二步，那就是从复杂的事件中找到解决办法。

如果我们要让关心落到实处，我们就必须找到解决办法。如果我们有一个清晰可靠的答案，那么当任何组织和个人发出疑问"我如何能提供帮助"的时候，我们就能采取行动，我们就能够保证不浪费一丁点儿全世界的人对他人的关心。但是，世界的复杂性使得很难找到对全世界每一个有爱心的人都有效的行动方法，因此人类对他人的关心往往很难产生实际效果。

从这个复杂的世界中找到解决办法，可以分为四个步骤：确定目标，找到最高效的方法，发现适用于这个方法的新技术，同时最聪明地利用现有的技术，不管它是复杂的药物，还是最简单的蚊帐。（列举出行动的步骤。）

艾滋病就是一个例子。总的目标，毫无疑问是消灭这种疾病；最高效的方法是预防；最理想的技术是发明一种疫苗，只要注射一次，就可以终生免疫。所以，政府、制药公司、基金会应该资助疫苗研究。但是，这项研究工作很可能十年之内都无法完成。因此，与此同时，我们必须使用现有的技术，目前最有效的预防方法就是设法让人们避免那些危险的行为。（这是在讲故事。）

要实现这个新的目标，又可以采用新的四步循环。这是一种模式，关键的是永远不要停止思考和行动。我们千万不能再犯上个世纪在疟疾和肺结核上犯过的错误，那时我们因为它们太复杂而放弃了采取行动。

在发现问题和找到解决方法之后，就是最后一步——评估工作结果，将你的成功经验或者失败经验传播出去，这样，其他人就可以从你的努力中有所收获。

当然，你必须有一些统计数字，你必须让他人知道，你的项目为几百万儿童新接种了疫苗。你也必须让他人知道，儿童死亡人数下降了多少。这些都是很关键的，不仅有利于改善项目效果，也有利于从商界和政府得到更多的帮助。

但是，这些还不够，如果你想激励其他人参加你的项目，你就必须拿出更多的统计数字。你必须展示你的项目的人性因素，这样，其他人就会明白拯救一个生命对那些处在困境中的家庭到底意味着什么。

几年前，我去瑞士达沃斯旁听一个全球健康问题论坛，会议的内容是关于如何拯救几百万条生命。天哪，是几百万！想一想吧，拯救一个人的生命已经让人何等激动，现在你要把这种激动再乘上几百万倍，……但是，不幸的是，这是我参加过的最乏味的论坛，乏味到我无法强迫自己听下去。

那次经历之所以让我难忘，是因为之前我们刚刚发布了一个软件的第13个版本，我们让观众激动得跳了起来，喊出了声——我喜欢人们因为软件而感到激动，那么我们为什么不能够让人们因为能够拯救生命而感到更加激动呢？

除非你能够让人们看到或者感受到行动的影响力，否则你无法让人们激动。如何做到这一点，并不是一件简单的事。

同前面一样，在这个问题上，我依然是乐观的。不错，人类的不平等有史以来一直存在，但是那些能够化繁为简的新工具却是最近才出现的。这些新工具可以帮助我们将人类的同情心发挥出最大的作用，这就是为什么将来同过去是不一样的。

这个时代无时无刻不在涌现出新的变革——生物技术、计算机、互联网，它们给了我们一个从未有过的机会去终结那些极端的贫穷和非恶性疾病的死亡。

六十年前，乔治·马歇尔也是在这个地方的毕业典礼上宣布了一个计划，帮助那些欧洲国家的战后建设，他说："我认为，困难的一点是这个问题太复杂，报纸和电台源源不断地向公众提供各种事实，使得大街上的普通人难于清晰地判断形势。事实上，经过层层传播，想要真正地把握形势是根本不可能的。"

马歇尔发表这个演讲之后的三十年，我那一届学生毕业，当然我不在其中。那时，新技术刚刚萌芽，它们将使得这个世界变得更小，更开放，更容易看到，距离更近。

低成本的个人电脑的出现，使得一个强大的互联网有机会诞生，它为学习和交流提供了巨大的机会。

网络的神奇之处不仅仅是缩短了物理距离，使得天涯若比邻，它还极大地增加了怀有共同想法的人聚集在一起的机会，我们可以为了解决同一个问题共同工作。这就大大加快了革新的进程，发展速度简直快得让人震惊。

与此同时，世界上有条件上网的人只是全部人口的1/6。这意味着还有许多具有创造性的人没有加入到我们的讨论中来。那些有着实际操作经验和相关经历的聪明人却没有技术来帮助他们，将他们的天赋或者想法与全世界分享。

我们需要尽可能地让更多的人有机会使用新技术，因为这些新技术正在引发一场革命，人类将因此可以互相帮助。新技术正在创造一种可能，不仅是政府，还包括大学、公司、小机构甚至个人，能够发现问题所在，能够找到解决办法，能够评估他们努力的效果，去改变那些马歇尔六十年前就说到的问题——饥饿、贫穷和绝望。（再次呼吁大家行动。）

哈佛是一个大家庭，这个院子里在场的人是全世界最有智力的人类群体之一。我们可以做些什么？

毫无疑问，哈佛的老师、校友、学生和资助者已经用他们的能力改善了全世界各地人们的生活。但是，我们还能够再做什么呢？有没有可能，哈佛的人们可以将他们的智慧用来帮助那些甚至从来没有听到过

"哈佛"这个名字的人？

请允许我向各位院长和教授提出一个请求——你们是哈佛的智力领袖，当你们雇用新的老师、授予终身教职、评估课程、决定学位颁发标准的时候，请问自己如下的问题：

我们最优秀的人才是否在致力于解决我们最大的问题？

哈佛是否鼓励她的老师去研究解决世界上最严重的不平等？哈佛的学生是否从全球那些极端的贫穷中学到了什么：世界性的饥荒，清洁水资源的缺乏，无法上学的女童，死于非恶性疾病的儿童，……哈佛的学生有没有从中学到东西？

世界上那些过着最优越生活的人们有没有从那些最困难的人们身上学到东西？

这些问题并非语言上的修辞，你必须用自己的行动来回答它们。（多么撼动人心，而且是用不断提问的方法来让你感到震撼。）

我的母亲在我被哈佛大学录取的那一天，曾经感到非常骄傲，她从没有停止督促我去为他人做更多的事情。在我结婚的前几天，她主持了一个新娘进我家的仪式。在这个仪式上，她高声朗读了一封关于婚姻的信，这是她写给Melinda的。那时，我的母亲已经因为癌症病体虚弱，但她还是认为这是又一次传播她的信念的机会。在那封信的结尾，她写道："对于那些接受了许多帮助的人们，他们还在期待更多的帮助。"

想一想吧，我们在这个院子里的这些人被给予过什么——天赋、特权、机遇——那么可以这样说，全世界的人们几乎有无限的权力期待我们做出贡献。

同这个时代的期望一样，我也要向今天各位毕业的同学提出一个忠告：你们要选择一个问题，一个复杂的问题，一个有关于人类深刻的不平等的问题，然后你们要变成这个问题的专家。如果你们能够使得这个问题成为你们职业的核心，那么你们就会非常杰出。但是，你们不必一定要去做那些大事。每个星期只用几个小时，你就可以通过互联网得到信息，找到志同道合的朋友，发现困难所在，找到解决它们的途径。

不要让这个世界的复杂性阻碍你前进，要成为一个行动主义者，将解决人类的不平等视为己任，它将成为你生命中最重要的经历之一。

在座的各位毕业的同学，你们所处的时代是一个神奇的时代。当你们离开哈佛的时候，你们拥有的技术，是我们那一届学生所没有的。你们已经了解到了世界上的不平等，我们那时还不知道这些。有了这样的了解之后，要是你们再弃那些你们可以帮助的人们于不顾，就将受到良心的谴责，只需一点小小的努力，你们就可以改变那些人的生活。你们比我们拥有更大的能力，你们必须尽早开始，尽可能长期坚持下去。

知道了你们所知道的一切，你们怎么可能不采取行动呢？（他在不断地要求听从行动。一流的演讲家不要别人鼓掌，不要别人记笔记，而是要别人行动。）

我希望，三十年后你们会再回到哈佛，想起你们用自己的天赋和能力所做出的一切。我希望在那个时候你们用来评价自己的标准不仅仅是你们的专业成就，更包括你们为改变这个世界深刻的不平等所做出的努力，以及你们如何善待那些远隔千山万水、与你们毫无关系的人们，你们与他们唯一的共同点就是同为人类。（结尾发人深思。）

这是在商业领域中，我们听过的最经典的企业家演讲之一。事实上，这不算是一篇商业演讲，演讲者是在拿自己的成就为社会最弱势群体作呼吁、作担保。

2. 马云在纽交所的讲话

马云在纽约证券交易所发表了精彩的演讲。

第七章 用路演技巧致富的秘诀——商业演讲

案例

大家好，我觉得今天是一个里程碑的日子，其实要想说的话非常多，但是今天也不知道该从哪里说起，心里充满着感恩、感谢，谢谢所有的人，所有参与过阿里巴巴今天还在阿里巴巴努力的同事们，感谢所有的客户，感谢所有的股东。

我相信今天一天，今天所发生的事情，对大家的一生都有很大的意义，我希望大家一会儿在敲钟仪式的时候，每个人关注一下我们敲钟的8个客户，我们努力15年的目的，是让他们站在台上，我们努力15年的目的，是希望他们成功，因为我们相信只有他们成功了，我们才有可能成功。

今天阿里是一家很运气的公司，我们这家公司的运气来自客户，运气来自互联网，运气来自中国，运气来自我们每个人的努力。所以未来的15年，未来的87年，我们坚持要感恩这个时代，感恩互联网，感恩中国，感恩中小企业。

最后我也希望大家能够坚持把我们的生态系统做得更加完善，更加好，我们相信今天我们说不完的感恩，唯一的最佳的感恩方式就是用行动去做，做得更好。

所以我在纽交所，今天大家说纽交所就像我们的"双十一"，无数人为此付出巨大的代价和努力，从明天开始，我们的路程会更加艰难，全世界在关注着我们是不是坚守我们的信诺，今天我们融到的不是钱，我们融到的是信任，是所有人对我们的信任——客户的信任、时代的信任、投资者的信任。所以我希望大家能够对得起这份信任，对得起我们自己心里从第一天起就有的梦想。

所以再次感谢大家，感谢所有的亲人，没有家里的亲人，没有你的太太、你的先生、你的爸爸妈妈、你的孩子的支持,我们不会走到今天。所以一如既往,我们阿里人要走的路很长,今后加入我们的也会很多,离开我们的也会很多,但是不管发生任何事情,坚持理想、坚持使命,坚持做我们认为对的事情,感谢大家,晚上好,一会儿我们敲钟见。

3. 乔布斯在斯坦福大学的演讲

乔布斯对操场上挤得满满的毕业生、校友和家长们说:"你的时间有限,所以最好别把它浪费在模仿别人这种事上。"

同样地,如果还在学校的话,似乎不应该去模仿退学的牛人们。

案例

我今天很荣幸能和你们一起参加毕业典礼,斯坦福大学是世界上最好的大学之一。我从来没有从大学毕业。说实话,今天也许是在我的生命中离大学毕业最近的一天了。今天我想向你们讲述我生活中的三个故事。不是什么大不了的事情,只是三个故事而已。

第一个故事是关于如何把生命中的点点滴滴串连起来。

我在Reed大学读了六个月之后就退学了,但是在十八个月以后——我真正地做出退学决定之前,我还经常去学校。我为什么要退学呢?

故事从我出生的时候讲起。我的亲生母亲是一个年轻的、没有结婚的大学毕业生。她决定让别人收养我,她十分想让我被大学毕业生收养。所以在我出生的时候,她已经做好了一切准备工作,让一位律师和他的妻子收养我。但是她没有料到,当我出生之后,律师夫妇突然决定他们想要一个女孩。

所以我的养父母(他们还在我亲生父母的观察名单上)突然在半夜

接到了一个电话:"我们现在这儿有一个不小心生出来的男婴,你们想要他吗?"他们回答道:"当然!"

但是我的生母随后发现,我的养母从来没有上过大学,甚至从没有读过高中。她拒绝签这个收养合同。只是在几个月以后,我的养父母答应她一定要让我上大学,那个时候她才同意。

在十七岁那年,我真的上了大学。但是我很愚蠢地选择了一个几乎和你们的斯坦福大学一样贵的学校,我父母还处于蓝领阶层,他们几乎把所有积蓄都花在了我的学费上面。在六个月后,我已经看不到其中的价值所在。在我的生命中我不知道我想要做什么,我也不知道大学能帮助我找到怎样的答案。

但是在这里,我几乎花光了我父母这一辈子的积蓄。所以我决定要退学,我觉得这是个正确的决定。不能否认,我当时确实非常地害怕,但是现在回头看看,那的确是我这一生中最棒的一个决定。在我做出退学决定的那一刻,我终于可以不必去读那些令我提不起丝毫兴趣的课程了。然后我还可以去修那些看起来有点意思的课程。

但是这并不是那么罗曼蒂克。我失去了我的宿舍,所以我只能在朋友房间的地板上面睡觉,我去捡5美分的可乐瓶子,仅仅为了填饱肚子,在星期天的晚上,我需要走7英里的路程,穿过这个城市到Hare Krishna寺庙(位于纽约Brooklyn下城),只是为了能吃上饭——这个星期唯一一顿好一点的饭。但是我喜欢这样。我跟着我的直觉和好奇心走,遇到的很多东西,此后被证明是无价之宝。

让我给你们举一个例子吧。Reed大学在那时提供也许是全美国最好的美术字课程。在这个大学里的每张海报,每个抽屉的标签上面全都是漂亮的美术字。因为我退学了,没有受到正规的训练,所以我决定去参加这个课程,去学学怎样写出漂亮的美术字。

我学到了San serif和Serif字体,我学会了怎样在不同的字母组合之中改变空格的长度，还有怎样才能做出最棒的印刷式样。那是一种科学永远不能捕捉到的、美丽的、真实的艺术精妙，我发现那实在是太美妙了。

在我的生命中，这些东西当时看起来好像都没有什么实际应用的可能。但是十年之后，当我们在设计第一台Macintosh电脑的时候，就不是那样了。我把当时我学的那些家伙全都设计进了Macintosh。那是第一台使用了漂亮的印刷字体的电脑。

如果我当时没有退学，就不会有机会去参加这个我感兴趣的美术字课程，Macintosh就不会有这么多丰富的字体，以及赏心悦目的字体间距。那么现在个人电脑就不会有现在这么美妙的字型了。当然我在大学的时候，还不可能把从前的点点滴滴串连起来，但是当我十年后回顾这一切的时候，真的豁然开朗了。

再次说明的是，你在向前展望的时候不可能将这些片断串连起来，你只能在回顾的时候将点点滴滴串连起来。所以你必须相信这些片断会在你未来的某一天串连起来。你必须要相信某些东西：你的勇气、目的、生命、因缘。这个过程从来没有令我失望，只是让我的生命更加地与众不同而已。

我的第二个故事是关于爱和损失的。

我非常幸运，因为我在很早的时候就找到了我钟爱的东西。Woz和我在二十岁的时候就在父母的车库里面开创了苹果公司。我们工作得很努力，十年之后，这个公司从那两个车库中的穷光蛋发展到4000多名雇员、价值超过20亿美元的大公司。在公司成立的第九年，我们发布了最好的产品，那就是Macintosh。我也快要到三十岁了。

在那一年，我被炒了鱿鱼。你怎么可能被你自己创立的公司炒了鱿鱼呢？嗯，在苹果快速成长的时候，我们雇用了一个很有天分的家伙和我一起管理这个公司，在最初的几年，公司运转得很好，但是后来我们对未来的看法发生了分歧，最终我们吵了起来。当争吵不可开交的时候，董事会站在了他的那一边。所以在三十岁的时候，我被炒了。在这么多人的眼皮下我被炒了。在而立之年，我生命的全部支柱离自己远去，这真是毁灭性的打击。

在最初的几个月里，我真是不知道该做些什么。我把从前的创业激情给丢了，我觉得自己让与我一同创业的人都很沮丧。我和David Pack、Bob Boyce见面，并试图向他们道歉。

我把事情弄得糟糕透顶了。但是我渐渐发现了曙光，我仍然喜爱我从事的这些东西。苹果公司发生的这些事情丝毫没有改变这些，一点也没有。我被驱逐了，但是我仍然钟爱它。所以我决定从头再来。

我当时没有觉察，但是事后证明，从苹果公司被炒是我这辈子发生的最棒的事情。因为，作为一个成功者的极乐感觉被作为一个创业者的轻松感觉重新代替：对任何事情都不那么特别看重。这让我觉得如此自由，进入了我生命中最有创造力的一个阶段。

在接下来的五年里，我创立了一个名叫NeXT的公司，还有一个叫Pixar的公司，然后和一个后来成为我妻子的优雅女人相识。Pixar制作了世界上第一个用电脑制作的动画电影——"玩具总动员"，Pixar现在也是世界上最成功的电脑制作工作室。

在后来的一系列运转中，Apple收购了NeXT，然后我又回到了Apple公司。我们在NeXT发展的技术在Apple的复兴之中发挥了关键的作用。我还和Laurence一起建立了一个幸福的家庭。

我可以非常肯定，如果我不被Apple开除的话，这其中一件事情也不会发生的。这个良药的味道实在是太苦了，但是我想病人需要这个药。有些时候，生活会拿起一块砖头向你的脑袋上猛拍一下。不要失去信心。我很清楚唯一使我一直走下去的，就是我做的事情令我无比热爱。你需要去找到你所爱的东西。

对于工作是如此，对于你的爱人也是如此。你的工作将会占据生活中很大的一部分。你只有相信自己所做的是伟大的工作，你才能怡然自得。如果你现在还没有找到，那么继续找，不要停下来，全心全意地去找，当你找到的时候你就会知道的。就像任何真诚的关系，随着岁月的流逝只会越来越紧密。所以继续找，直到你找到它，不要停下来！

我的第三个故事是关于死亡的。

当我十七岁的时候，我读到了一句话："如果你把每一天都当作生命中最后一天去生活的话，那么有一天你会发现你是正确的。"这句话给我留下了深刻的印象。从那时开始，过了33年，我在每天早晨都会对着镜子问自己："如果今天是我生命中的最后一天，你会不会完成你今天想做的事情呢？"当答案连续很多次是"不是"的时候，我知道自己需要改变某些事情了。

"记住你即将死去"是我一生中遇到的最重要的箴言。它帮我指明了生命中重要的选择。因为几乎所有的事情，包括所有的荣誉、所有的骄傲、所有对难堪和失败的恐惧，这些在死亡面前都会消失。我看到的是留下的真正重要的东西。你有时候会思考你将会失去某些东西，"记住你即将死去"是我知道的避免这些想法的最好办法。你已经赤身裸体了，你没有理由不去跟随自己的心一起跳动。

大概一年以前，我被诊断出癌症。我在早晨七点半做了一个检查，检查清楚地显示在我的胰腺有一个肿瘤。我当时都不知道胰腺是什么东西。医生告诉我那很可能是一种无法治愈的癌症，我还有3~6个月的时间活在这个世界上。我的医生叫我回家，然后整理好我的一切，那就是医生准备死亡的程序。那意味着你将要把未来十年对你小孩说的话在几个月里面说完.；那意味着把每件事情都搞定，让你的家人尽可能轻松地生活；那意味着你要说"再见了"。

我整天和那个诊断书一起生活。后来有一天早上我做了一个活切片检查，医生将一个内窥镜从我的喉咙伸进去，通过我的胃，然后进入我的肠子，用一根针在我的胰腺上的肿瘤上取了几个细胞。我当时很镇静，因为我被注射了镇定剂。但是我的妻子在那里，后来告诉我，当医生在显微镜底下观察这些细胞的时候他们开始尖叫，因为这些细胞最后竟然是一种非常罕见的可以用手术治愈的胰腺癌症。我做了这个手术，现在我痊愈了。

  那是我最接近死亡的时候，我还希望这也是以后的几十年最接近的一次。从死亡线上又活了过来，死亡对我来说，只是一个有用但是纯粹是知识上的概念的时候，我可以更肯定一点地对你们说，没有人愿意死，即使人们想上天堂，人们也不会为了去那里而死。但是死亡是我们每个人共同的终点，从来没有人能够逃脱它。也应该如此，因为死亡就是生命中最好的一个发明。它将旧的清除以便给新的让路。你们现在是新的，但是从现在开始，不久以后，你们将会逐渐地变成旧的，然后被清除。我很抱歉这很戏剧性，但是这十分地真实。

深度研究　只做精品

"新时代企业成长书架"系列书

互联网风暴来袭，新的商业模式随着互联网的浪潮孕育而生，传统的企业管理与运营模式正在接受一场全新的洗礼与挑战。

基于当前企业管理运营中存在的疑点、难点、痛点，企业管理出版社与北京金师起点文化传媒携手国内经营管理的前沿讲师、学者及业内专家匠心打造了"新时代企业成长书架"系列书籍，包括"互联网+"产业升级书系、"互联网+"新商业模式书系、新资本时代书系、管理新思维书系、众创指南针书系等几大书系，并细分为资本运营、管理技能、市场营销、人力资源、生产管理、公司治理、创业之路、商业模式运营等多个选题出版方向。

"新时代企业成长书架"诚邀企业界、培训界及商界名流及专家学者加盟合作出版，共同打造出有料、有趣、有生命力的作品，惠及广大读者以及一线的经营管理者。